老いを楽しむ人生の言葉

和田秀樹

Gakken

はじめに

これからの人生は「やりたいこと」「好きなこと」を。

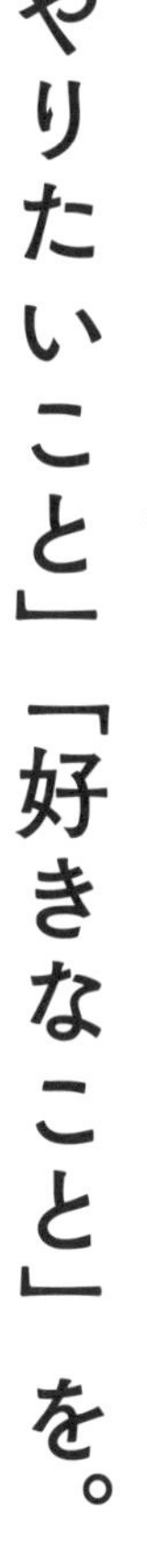

60代に入ると、誰でも老いによるさまざまな変化が生じてきます。記憶力、思考力、体力、意欲、気力の低下……。行く末への漠然とした不安からくる〝生きにくさ〟。どれも自分にとっては〝衰え〟という変化です。

そして、いつしか認知症という言葉も浮かび上がってきます。実際、皆さんの中にも、認知症を患うご家族がいる方も少なくないでしょう。

「社会には認知症の人と、やがて認知症になる人の2種類しかいない」

そんな言葉を口にする人がいるように、超長寿時代において認知症は〝なるかもしれない病気〟ではなく、〝かならずなる病気〟なのだと覚悟しておくべきなのかもしれません。

しかし、だからといって加齢による衰(おとろ)え、あるいは認知症の発症を寝て待っている——というわけにはいきません。

こうした老いによる変化は、発想の転換、生活全般の見直しをしたうえで、対処法を実行することで進行を遅らせたり、改善したりすることが十分に可能なのです。

そもそも、認知症は「なったらおしまい」という病気ではありません。できることが〝少しずつ減るだけ〟のことです。認知症はまわりの人たちとのコミュニケーション、肉体面のエクササイズ、栄養摂取など、日常生活におけるこれまでのさまざまな習慣を見直すことで、「進行を遅らせることのできる病気」といえます。このことを忘れてはいけません。

衰(おとろ)えや認知症に負けないコツをひと言でいえば、「脳を休ませない」ということにほかなりません。とりわけ自分が挑戦したいこと、楽しいことについて考え、行動することで脳は活性化します。

老いを感じたら、自分自身の「やりたいこと、好きなこと」に対して、使命感、責任感、義務感などにとらわれず、一心不乱に取り組めばいいのです。

あなた自身の仕事が忙しく、時間を割けないというのであれば、仕事を「やりたいこと、好きなこと」と考えてみてはいかがでしょうか。

日々の生活も同様です。料理や洗濯、掃除といった家事も、〝楽しく快適な生活空間を実現するための創造的な行為〟と考えることができれば、あなたの脳はきっと活性化するでしょう。

年齢を重ねることで誰でも感じる〝生きにくさ〟を少しでも減らすためにはどうすればいいのか。私は、老年精神医学に長年携わりながら、その解決方法を模索してきました。

本書は、老いがもたらす生きにくさを解消し、人生後半を楽しく、上機嫌で暮らすための思考法や物事の見方を端的に示す言葉を、コンパクトにわかりやすくまとめたものです。50代、あるいは60代以上の読者の方々にとって、本書がお役に立つことを願ってやみません。皆さんによき人生を。

２０２４年春　和田秀樹

老いを楽しむ人生の言葉

和田秀樹

第2章 | MENTAL & PHYSICAL HEALTH
心と身体の「健康」

第3章 | COMMUNICATION まわりとの「つながり」

第4章 | MY FUTURE これからの「生き方」

第1章 ― QUALITY OF LIFE

人生の「質」

セカンドライフでは「人の目」より、「自己満足オーライ」が幸せの秘訣。

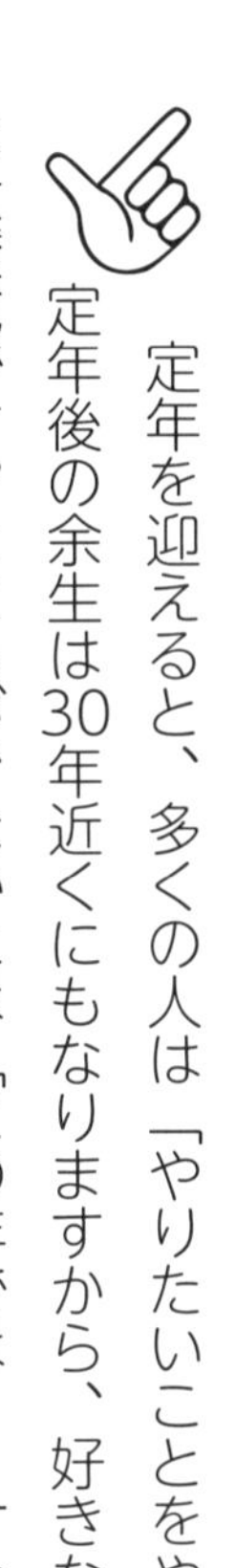

定年を迎えると、多くの人は「やりたいことをやろう」と考えます。定年後の余生は30年近くにもなりますから、好きなことをはじめることは大賛成です。ところが、なかには「この年では……」などと人目やこれまでの常識を気にして、ガマンしてしまう人がいます。

日本人は「節制やガマンは美徳」と考える人が多く、自分で娯楽や楽しみを抑制する傾向があります。しかし定年をすぎても節制する生き方は、楽しいでしょうか？　やりたいことをガマンし、ストレスをため込んだ挙句、好奇心を失ったり、うつ病になってしまったりしては、元も子もありません。やりたいことがあるなら、どんどんやってみるべきです。派手な服が着たいなら着ればいいのです。笑う人がいたって、気にすることはありません。自己満足ほど幸せな状態はなく、それで幸せホルモンであるセロトニンが分泌されれば、健康かつ若さを保つことができます。

「自己満足オーライ」と考えるようになると、生き方も変わります。ちょっと奔放なくらい自由に生きてちょうどいいんです。

セカンドライフでは「人の目」より、
「自己満足オーライ」が幸せの秘訣。

帽子をかぶってみる、
眉毛を整える——
ちょっとのおしゃれが
行動範囲と出会いを広げる。

近年、高齢者の精神医療で注目されているのが「メイクセラピー（化粧療法）」です。介護施設などで、認知症の高齢女性に数週間に一度程度、メイクを施すようにしたところ、「認知症の進行がゆるやかになった」という報告が相次いでいるのです。

メイクをすると気持ちに張りが生まれ、ウツウツとした気分が消え、認知症の進行が抑えられるようなのです。気持ちが若返ることでホルモンバランスがよくなり、内臓の状態もよくなります。

男性も、〝自分に手をかける〟ことで女性のメイクと同じ効果があります。外出の予定がなくても、朝はパジャマから普段着に着替えましょう。

出かけるときは帽子をかぶるなど、ちょっとだけおしゃれをする。おしゃれをすると自然に街に出たくなり、人と会いたくなり、行動範囲が広がります。

行動が変われば感情が若返り、脳も活性化します。

いっそ奮発して、高級な理髪店で散髪をしてみてはいかがでしょう。一緒に眉毛も整えてもらえば、新しい自分を発見するかもしれませんよ。

帽子をかぶってみる、眉毛を整える——
ちょっとのおしゃれが行動範囲と出会いを広げる。

趣味はたくさんあっていい。「つまみ食い」スタイルが充実の時間をつくる。

高齢者をカウンセリングしていると「趣味がなくて……」と嘆(なげ)く人が多いのですが、よくよく聞いてみると意外に多趣味な人が多く、驚かされることがあります。一つの趣味に打ち込んでいるというわけではないので、本人にしてみれば趣味とはいいにくいのかもしれません。

たとえば、ある患者さんは、たまに野球観戦や競馬場に足を運びます。また近所をウォーキングすることもあれば、音楽鑑賞にも出かけています。そして自宅では落語の動画を楽しんでいる。すべてを合わせると、かなりの時間を趣味に充てています。

「何十年も続けていなければ、おこがましくて趣味と呼べない」

そんなふうに考える人がいますが、この患者さんのように、さまざまな趣味をつまみ食いするスタイルも老後の立派な趣味の在り方です。むしろ気が向いたときに楽しむ趣味のほうが、案外、飽きずに長く続けられるものです。

無趣味を自覚する人は、一年に数回楽しむだけの趣味をいくつも持ってみてはいかがでしょうか。

023

趣味はたくさんあっていい。

「つまみ食い」スタイルが充実の時間をつくる。

好きではないが、
やってみる。
「いっちょかみ」の
効用はバツグン。

一般的に年を重ねるごとに思考パターン、好き嫌いなどは変わりにくくなりますが、一方でこうした傾向は「頭の硬直化現象」ともいえます。別の言葉でいえば「頑迷（がんめい）」。すなわち自分の価値観や人生観を変える可能性のある行動に無関心、否定的であるということです。結果、「想像できる」「たかが知れている」などと、新しいことへの挑戦を避けることが多くなります。

新しいことの本質は「やってみなきゃ、わからない」です。

どんなことに対しても「やってみなきゃ、わからない」というスタンスでいることは、人生後半を有意義にすごすためにも、とても重要だと思います。

関西の方言で「いっちょかみ（一丁嚙（いっちょか）み）」という言葉があります。好奇心が旺盛でなんでも首を突っ込む人を指していいますが、「いっちょかみ」の気軽さで行動してみることはいいことです。

「やってみてわかった」という経験は、何歳になっても達成感をもたらし、脳にも好影響を与えます。「やってみたけど、好きになれなかった」ことだって新しい発見です。

動機はなんだっていい。いいことをすると人生が充実します。

現役を引退後、ボランティア活動をしたいと考えている人、もう実際に活動している人は少なくありません。

東日本大震災の数日後、私もボランティアをはじめました。原発で危険で困難な作業に取り組む人たちのメンタルケアです。コロナ禍でオンライン診療に切り替わるまで、毎月、原発の近くまで通いました。知人の臨床心理士もずっとボランティアを続けてくれています。

当時、一部の文化人が東京から逃げ出したり、被災者が理不尽な差別を受けたりするような不安と恐怖が社会を覆っていました。

じつは、私がこのボランティア活動をはじめた当初の動機に清々しさなどなく、「ここで誰もやらないようなことをしたら、少しは人びとの記憶に残るのではないか」という、ささやかな欲望でした。

自己満足にすぎないのかもしれません。ですが、私の死後、誰かがこのことを覚えていてくれたら、正直、うれしい。生きていた証を残したいという願いが、よい行いにつながって、私の人生を充実させてくれていると感じます。

いまの自分があるのは
神様のプレゼント。
そう考えれば、
生きるべき道が明らかに。

私が唱える高齢者の医療論や健康論は、まだまだ少数派です。多数派にいないと出世も望めません。ときには多数派の医療論を信じる人たちから思わぬ攻撃を受けることすらあります。しかし、どうであれ私はお年寄りや患者さんの味方であり続けたいと思っています。なぜなら、いま私が生きている人生は「神様のプレゼントかもしれない」と考えているからです。

とくに望んだわけでもないのに、老年精神医学という世界に飛び込むことになったのは、まるで神様が決めたことのように、ときどき感じるのです。

高齢者医療の現場で、多くの大切なことを教わりました。本を書いたら売れるようにもなりました。こうしたことすべてが、もともと性格も悪いし、才能もない私のような人間への神様からの贈りものに違いないという感覚が強くなっていく理由です。

私が、お年寄りや患者さんのために踏ん張れるのは、神様に恩返しをしたいと考えているからです。私が死んだあと、「正直な人だった」と言ってもらえれば十分に幸せです。

多くの患者の終末期を見てわかったこと。人を大事にして生きてきた人は、死の直前まで笑顔に囲まれる。

告白すると、かつての私は勉強はできるけれど性格が悪いタイプの典型のような人間でした。それが医者になって、よい師との出会いを得て、カウンセリングの知識と技術を学んだおかげで、比較的上手に他人とコミュニケーションをとれるようになったのです。

終末期、たくさんの人が訪ねてきて笑顔に囲まれる人がいます。彼らは目下の人間をかわいがって、横の人間関係を大切にし、家族の愛を優先して生きてきた人たちです。

一方で訪れる人もなく、ひとり寂しく最後のときをすごす人もいます。彼らは目下の人間に偉そうにし、家族を大事にすることもなかったのでしょう。

周囲の人間を大切にする人は皆(みんな)に慕(した)われて、その逆の人は孤立する。当然のことといえば、そうかもしれません。しかし、両者の明らかな差を目の当たりにしたことは、私の人生観や生き方を大きく変えるほど強烈な経験でした。

お金も地位も関係ありません。人に好かれる人は報われます。私も、好かれないまでも、嫌われることはしないようにしようと肝(きも)に銘(めい)じています。

031 多くの患者の終末期を見てわかったこと。
人を大事にして生きてきた人は、死の直前まで笑顔に囲まれる。

円満な夫婦生活のコツは、干渉しすぎないこと。「いつも夫婦一緒」だと、かえってしんどいものです。

人間関係で難しいのは、相手との距離感です。老後の夫婦関係でも同じです。ありがちなのが、現役時代に会社中心の生活で家庭をおろそかにしてきた夫が、定年退職後、罪滅(つみほろ)ぼしだとばかりに妻中心に行動しようとして、妻にうっとうしがられるケースです。

「いつも夫婦一緒」が、かならずしもよいこととはかぎりません。

たとえば、友人に会うために外出する妻に向かって、「どこに行くのか」「何時に帰るのか」などと詮索(せんさく)したり、「今夜のオレのメシは？」と当然のように食事の支度を要求したりしていませんか。

ちょっと言動を修正してみてください。余計なことは言わず、笑顔で「いってらっしゃい」と送り出すだけで、夫婦間に適度な距離感が生まれます。

身近にすごす家族だからこそ、ほどよい距離感を保つのが大切です。

お互いにひとりの時間を持つこと。必要以上に干渉しないこと。距離感をはかるのは簡単なことではありませんが、一緒に暮らす家族だからこそ思いやりを持って相手の自由を尊重しましょう。

033 円満な夫婦生活のコツは、干渉しすぎないこと。
「いつも夫婦一緒」だと、かえってしんどいものです。

ひとりの時間を大切にして、ほどよく距離をとる「つかず離れず婚」のススメ。

定年後、「なんだか夫婦関係がぎくしゃくしてきた」という人にぜひ提案したいのが、「つかず離れず婚」です。つまり、〝一定の時間を別々にすごす〟という生活スタイルに切り替えるということです。たとえば、

●買い物や食事の支度は別々にする。
●昼ごはんは別々にとる。
●泊まり以外の外出について相手に断る必要はない。
●週1回、あるいは月1回は一緒に外食を楽しむ。

などなど。お互いに希望を伝えながら、それぞれがホッとできるルールを考えるのは、夫婦関係をより気楽で親密なものにしてくれるかもしれません。夫婦それぞれが、ひとりの時間を自由に楽しみ、ふたりの時間も楽しくすごす――これが「つかず離れず婚」です。

先々、介護が必要になったときは有料老人ホームに入るなど、「お互いに介護義務を押しつけない」というルールをつくるのもいいかもしれません。そのためにも、お互い元気なうちに、いろいろな施設を見学しておきましょう。

思い切って「子離れ」を。
お互いに縛りつけないよう、
ほどよい距離感で。

いくつになっても、子どもはかわいいものですが、親は子どもに財産を残すために、持っているお金を自分で使えなくしてしまったり、「こんなに財産を残すのだから」と将来の介護を子どもに押しつけがちです。

だからこそ、思い切って「子離れ」をしましょう。

親も子どもも、それぞれがひとりの人間です。それぞれの人生、それぞれの幸せがあります。

親子の関係が親密すぎるとお互いに相手を縛りつけてしまい、不幸な結末になりかねません。ある程度ドライに割り切って、ほどよい距離を保ちましょう。

「老後の面倒をみてもらう代わりに、子どもに財産を残さなければ」などということはやめて、自分が幸せになるためにお金を使ってください。

どうしても子どもになにかしてあげたいのなら、たとえば、子どもや孫にちょっとぜいたくな食事をご馳走してあげたり、旅行に連れて行ったりするのはいかがですか。

きっと幸せな思い出として家族の中に残るはずです。

思い切って「子離れ」を。
お互いに縛りつけないよう、ほどよい距離感で。

幸せは〝なる〟ものではなく、
〝感じる〟もの。
「GOOD」を見つける感性を
呼び覚ましましょう。

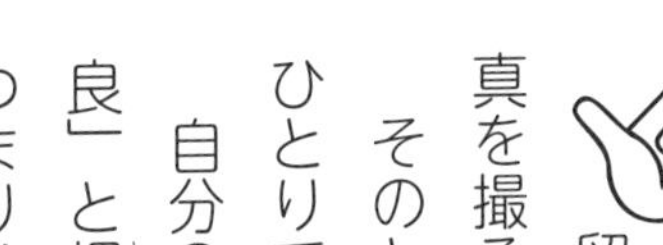

以前、ある地方で、ひとりで旅行をしている70歳くらいの男性に目が留まりました。質素な生活がにじみ出る佇(たたず)まいでしたが、熱心に風景写真を撮るその姿はじつに幸せそうで、旅を満喫しているように見えました。

そのとき、私はこうも感じました。もしも彼が裕福そうな佇(たたず)まいであっても、ひとりで不機嫌そうに歩いていたら、私の印象は真逆だったろうと……。

自分の置かれた境遇を「GOOD＝良好」と捉(とら)えるか「NO GOOD＝不良」と捉(とら)えるかは、その人の感性、価値観に左右されます。「幸せ」も同様です。つまり、幸せとは〝なる〟ものではなく、自分で〝感じる〟ものなのです。

自分自身に〝幸せの要素〟を見つける感性があれば、お金がなくても、きっと幸せになります。反対に、どんなに裕福であっても、その感性が欠けていれば、いつまでたっても不幸のままです。

感性を働かせてみれば「GOOD」はいくつも見つかるのではありませんか？　それが見つかれば、これまでモノクロに映っていた風景もカラフルに見えてくるはずです。

039　幸せは〝なる〟ものではなく、〝感じる〟もの。
「GOOD」を見つける感性を呼び覚ましましょう。

☑

節分（せつぶん）、端午（たんご）の節句（せっく）……季節の移り変わりを楽しむ。メリハリのある生活が若々しさを持続させる。

子どものころは一週間や一年が長く感じたけれど、年々、時間があっという間にすぎていく……という高齢者は多いと思います。

時間には物理的時間のほかに〝心的時間〟という考え方があり、子どものころはすべてが未経験なので、虫一匹見つけても新しい発見。こうした体験や認知の数が多いほど、時間は長く感じられるのです。

大人になって変化のない生活を送っていると一日は早く、前頭葉は老化が進みます。生活に変化を持たせようと思ったら、まずは明るく鮮やかな色の服を着て気分を高めていくことです。いかにも地味で〝年相応〟な服は老化へのアクセルになりかねません。

生活では、季節の行事を意識してみてください。正月にお雑煮、節分には太巻き、端午の節句には柏餅を食べるなど、生活に「ハレの日」をつくるのです。

生活の中にメリハリが失われることは老化の要因ですが、歳時記を取り入れることで気持ちにもメリハリが生まれ、前頭葉を刺激し、見た目も脳も若さを保つことになるのです。

041 節分、端午の節句……季節の移り変わりを楽しむ。
メリハリのある生活が若々しさを持続させる。

思ったことを言葉にするのは
練習が必要です。
コツは「嫌われてもいい」と
開き直ることです。

以前、『嫌われる勇気』※という本がベストセラーになりました。他人からの承認欲求を満たすために、嫌われないように立ちまわる生き方から解放される理論を説いたものですが、日本では高齢になればなるほど、「周囲と仲良くしなければならない」と考える人が多いように思います。

嫌われると、介護が必要になっても周囲から助けてもらえない——そんな恐れが根底にあるからでしょうか。しかし、介護保険制度は始まって20年以上経ち、誰もが公的な介護支援を受けられる時代です。つまり、「嫌われてもいい」と開き直ることができる時代なのです。自分を押し殺して生きてきた人も、高齢になったらそんな〝遠慮の檻〟から自分を解放しましょう。今までガマンしてきた人ほど、我を出すのは練習が必要かもしれません。

そのもっともいい方法は、思ったことを口に出すことです。

言い方やタイミングに配慮は必要ですが、「私はこう思う」と、思い切って言葉にしてみてください。嫌われることを恐れてガマンする必要はないのです。

※・嫌われる勇気……『嫌われる勇気　自己啓発の源流「アドラー」の教え』
著・岸見一郎、古賀史健／ダイヤモンド社

043 | 思ったことを言葉にするのは練習が必要です。
コツは「嫌われてもいい」と開き直ることです。

☑

週3回の「自分ご褒美(ほうび)」で
愉快に暮らす。
ポイントは「実現できること」と
「気分が上がること」。

これからの人生を、愉快に暮らす大切なポイントは〝自分を愛する気持ちを持つこと〟です。自分を愛する気持ちとは、まずは「いつもの自分のままで大丈夫」と肯定すること。

では、具体的にどうすればいいでしょうか。おすすめは「週3回、自分へのご褒美を準備する」ことです。

ご褒美ポイントは2つあります。それは「実現できること」と「気分が上がること」です。たとえば、「コンサート」「観劇」「豪華ランチ」といったちょっとリッチなものから、「花を買う」「ホテルでお茶」「新刊を1冊買う」「いつもより高い肉を食べる」など、なんでもいいのです。

大切なのは、予定を決めて手帳やカレンダーに書いておくこと。嫌なことがあっても、「明日はご褒美デー」と思えば、気分が高揚します。

さらに、ご褒美デーをすごして心に感じたことも書きとめておきましょう。とにかく自分を肯定する〝心地よい時間〟を大切にしていけば、将来への漠然とした不安も消えていきますよ。

週3回の「自分ご褒美」で愉快に暮らす。
ポイントは「実現できること」と「気分が上がること」。

「何を買うか」よりも
「どんな気持ちで買うか」が大事！
欲求へのブレーキは
好奇心にもブレーキをかけます。

お金を使うという行為には個性が表れます。あまり経済的な余裕がなくても、気に入った洋服をパッと買ってしまう人がいる一方、お金はあるのにTシャツ1枚買うにも迷って結局は買わない、という人もいます。

「どうお金を使うか」と考えているとき、脳は活発に動いています。すなわち、「予算内でなにをどう買えば満足するか」を考えることは、かなり奥が深いことなのです。さらに買い物のよい点は、手に入れ、使っているときも前頭葉への刺激の機会があることです。

気に入ったものほど使用するときの喜びは大きいものです。しかし、「ほしい」「好きだ」と思ったものがあっても買わずに帰ってきてしまうと、前頭葉が喜ぶ刺激に触れることができません。

また、〝手に入れたからこそはじまる新しい世界〟を体験する機会も手放したことになるのです。欲求にブレーキをかければ、好奇心にもブレーキがかかります。お金は、自分を喜ばせることに使って老化予防をしたほうが、皆（みんな）が幸せになれると思いませんか？

「何を買うか」よりも「どんな気持ちで買うか」が大事！
欲求へのブレーキは好奇心にもブレーキをかけます。

〝あること〟を喜ぶか、〝ないこと〟を嘆（なげ）くか。老年になったら幸福度の「参照点※」をリセット。

幸せの尺度は人それぞれ。なにが正しいということはありません。ただ、医者の立場からいえば、たとえば体力が衰え、昔のように動けなくなっても「これはまだできる」と、〝あること〟を大切にできる人は、家族やまわりの人とも愉快に暮らしていると実感します。

〝あること〟を大切にできる人とは、小さなことにも幸せを感じられる人ともいえ、そうした人には共通の特徴があります。幸福度の参照点をほどよい高さに設定しているのです。

人は誰しも、自分が設定した基準（参照点）を持っていて、自分が設定した基準より低いと不幸だと思い、それより上なら幸せと感じるのです。

老いて嘆く人がいますが、これは若かったころの自分に参照点が置かれていることの表れです。老年になったら、その高さをリセットすることです。

〝あることを大切にする〟か〝ないことを嘆くか〟は自分次第ですが、やはり幸せを感じながら生きていくほうが、賢い生き方だと思うのです。

※・参照点……行動経済学用語で、人が利益と損失の判断を分ける基準点のこと。

☑

いつまでも働ける場所を。
高齢者〝ならでは〟を
自分のため、他人のために
役立てていきましょう。

最近では、スーパーやコンビニで働く高齢者の姿を見かけることが多くなりました。私の知人の会社には80歳の女性が清掃員として働いています。私も彼女と話す機会がありますが、受け答えがおだやかで、こちらもうれしくなります。その上品な立ち居振る舞いから、これまでのキャリアの素晴らしさが漂ってきます。

いくつになっても働いて、他人の役に立つことは自分のためにもなります。とくに高齢者にとっては、他人と接すること、働き手として信頼される喜びは、前頭葉を刺激して、老化防止にも有効です。

いま、日本経済は低迷していますが、一方で人手不足の業界もあります。働こうと思えば高齢者でも働ける場所はあります。年金だけでは心もとなくても、ほかの収入があるという安心感は心に余裕をもたらします。

高齢者には経験から生まれた〝ならでは〟のスキルと知恵があります。ぜひ、その〝ならでは〟を自分のため、他人のために役立ててほしいと思います。

自分ができる仕事、働ける場所をいくつになっても探すことです。

いつまでも働ける場所を。高齢者〝ならでは〟を
自分のため、他人のために役立てていきましょう。

人生にはもう一つの
メインステージがあります。
「惰力（だりょく）」に頼らず、
「新動力」を身につけましょう。

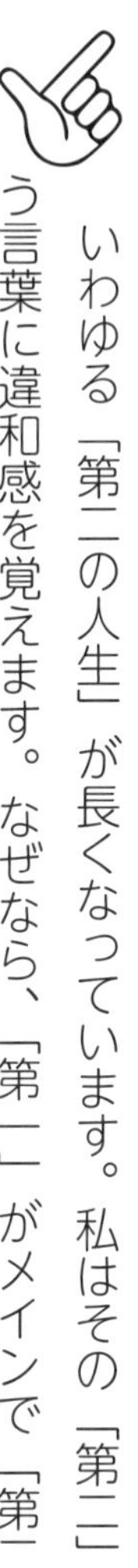

いわゆる「第二の人生」が長くなっています。私はその「第二」という言葉に違和感を覚えます。なぜなら、「第二」がメインで「第二」はサブのように思えてしまうからです。

仮に85歳まで生きるとして、60歳定年なら第二の人生は25年。サブとしてはとても長い時間です。その時間を充実させ、愉快に生きようとするなら、「新現役時代」という、もう一つのメインステージが待っているのです。

そのもう一つのメインステージは、車にたとえるなら、エンジンを切ったあとの「惰力（だりょく）」で演じることはできません。残念なことに、裕福な人を除いていわゆる〝悠々自適（ゆうゆうじてき）〟で25年をすごせる人はかぎられます。ほとんどの人は新たな職場で働いて、収入を得ていかなければなりません。

そのためには、「新動力」としてのスキルアップ、そしてそのための学びが必要です。新しい職場では「初心者」「素人」である自分を受け入れて、必要な知識、技術の習得によって「新動力」を身につけようではありませんか。

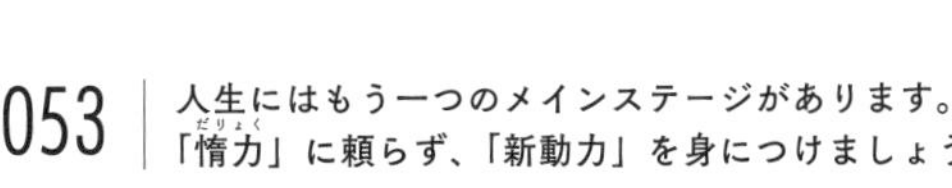
053
人生にはもう一つのメインステージがあります。
「惰力（だりょく）」に頼らず、「新動力」を身につけましょう。

「学び」の実感3要素、「できる（わかる）」「面白い」「楽しい」が見つかれば「新動力」は身につく。

新現役時代に求められる「新動力」は、「学び」によってしか得られません。学びを長続きさせるためには、なにより「できる（わかる）」「面白い」「楽しい」に出会うことです。私自身、精神科の研修をはじめたときは苦痛の連続でした。当時の私にとって、その研修は「できる」「面白い」「楽しい」とは無縁だったのです。

その後、研修を続けていたのですが、慶應義塾大学主催の精神分析セミナーが大きな転機になりました。ここで講師を務めていた小此木啓吾（おこのぎけいご）先生や北山修（きたやまおさむ）先生の講義によって、私の「学び」は大きく前進したのです。

ふたりの先生の講義の巧みさに、「できる（わかる）」「面白い」「楽しい」を実感できたのです。「頭がよくなった」とさえ感じられました。結果、面白いように精神科医としての知識を身につけることができました。

この3つの実感は、自分に合った先生、教材、カリキュラムによって見つけることができます。新しい職場で、上司、同僚、後輩に心を開いて相談して、見つけてみてはいかがでしょうか。「新動力」がきっと身につきます。

「学び」の実感３要素、「できる（わかる）」「面白い」「楽しい」が見つかれば「新動力」は身につく。

ネガティブな言葉では
幸福感は得られません。
自分への賛辞(さんじ)を
どんどん口にしましょう。

「粗品」「拙文」「愚妻」「不肖」……。日本語には、なぜか自らや身内を卑下する言葉が数多くあります。

「素敵なもの」と渡された外国人からの贈り物と日本人から渡された「粗品」を比べたとき、「粗品」が「素敵」より高価ということは大いにあり得ることです。それは文化の違いですから、どちらがいいかは決められません。

けれども、いたずらに自分を卑下することはあまり感心しません。とくに高齢になったら自分をネガティブに捉える言葉を口にするのはやめましょう。

とりわけ自分のいまの境遇について、嘆いたり悔やんだりする言葉は禁物です。言霊というと大袈裟ですが、吐いた言葉は現実を左右します。「たいした人生じゃなかった」「苦労ばかりして」などという言葉を口にし続けていれば、そんな思いが、うつの原因になったりします。

「オレ、よくやった」「楽しかった」「幸せだ」——どんな表現でも、自分をポジティブに捉える言葉を口にしましょう。

自分への賛辞は、幸福感を生み出します。

ネガティブな言葉では幸福感は得られません。
自分への賛辞をどんどん口にしましょう。

第2章 | MENTAL & PHYSICAL HEALTH

心と身体の「健康」

「老い」という「変化」は
怖いものではありません。
変えられないことは、
あきらめればいいのです。

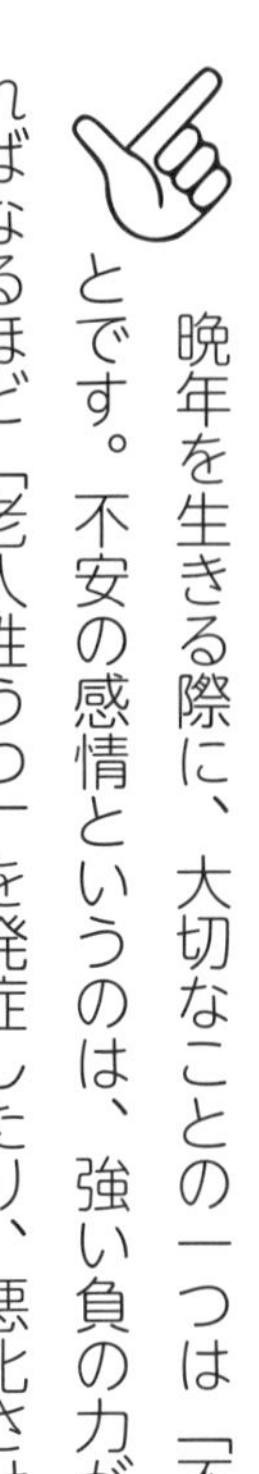

晩年を生きる際に、大切なことの一つは「不安」への対処法を学ぶことです。不安の感情というのは、強い負の力があります。不安が強くなればなるほど「老人性うつ」を発症したり、悪化させたりするのです。人は、かならず老います。なのに「病」や「死」に対して不安を抱くのはどういうことなのでしょうか？　それは「若くありたい」「健康でいたい」という願いが、〝老い〟という変化によって阻害されることへの恐れの表れといってもいいでしょう。

精神療法の考え方の一つに「変えられることは変えて、変えられないことはあきらめる」ということがあります。いつか訪れる病や死という変化を恐れるのではなく、「変えられること」に注視して行動したほうが、人生を有意義にすごせるのではないでしょうか。

そのときどきの身体の声に耳を傾け、やりたいように生き、最期に目を閉じるときに「楽しい人生だった」と思えるよう、今日なにをするか決める。そう考えれば、年齢を重ねるという変化への漠然とした恐れは消えていくはずです。

「老い」という「変化」は怖いものではありません。
変えられないことは、あきらめればいいのです。

あなたは闘う派？
受け入れる派？
ある時期までは闘って、
老化スピードを遅くする。

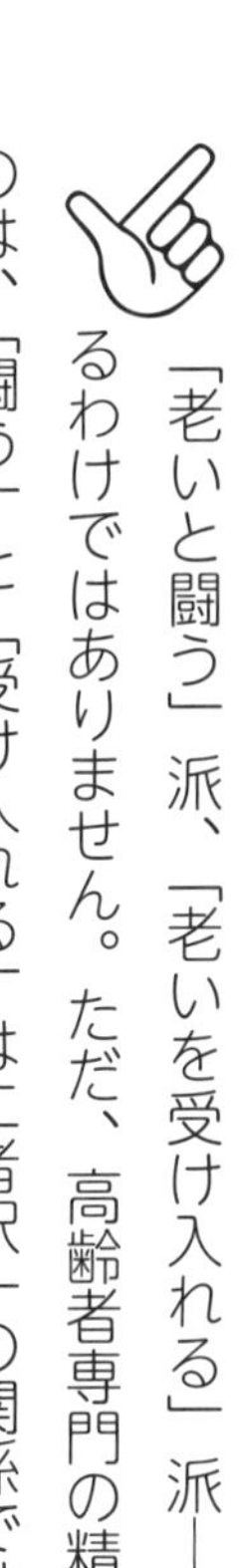

「老いと闘う」派、「老いを受け入れる」派――。どちらも間違っているわけではありません。ただ、高齢者専門の精神科医として強調したいのは、「闘う」と「受け入れる」は二者択一の関係ではないということです。「闘う」から「受け入れる」へと移行、変化するものだということです。60代から70代前半などは、まだまだ闘える時期です。逆にこの時期に、なにもしないままでいると老化のスピードは速くなります。

しかし、どんなにがんばっても老化のシャットアウトは不可能。ある時期がきたら「闘う」を減らし、「受け入れる」を増やしていくのは自然なことです。勘違いしてほしくないのは、そこで「人生が終わり」ではないということです。

たとえ歩けなくなったとしても、知性や感情が衰退していくわけではありません。文章や絵をかくこともできます。肉体的な衰(おとろ)えが進んでも、「やってみたいこと」は生まれるはずです。「闘う」と「受け入れる」のバランスをとることが、老化への上手な向き合い方なのです。

人生の後半は
病気があって当たり前。
「病気は道連れ」精神で
気楽にすごす。

体調の管理は、定年後のセカンドライフで気をつけなければならないポイントです。血圧、血糖値などを気にされている方もいらっしゃるでしょう。私も、いま心不全の診断を受けています。利尿剤を服用しているためトイレが近く、外出先での尿意にはヒヤヒヤ……。年をとれば、医者であれ、誰もが病気と関わらざるを得ないのが現実です。

あるとき、病理学の医師がこんなことを言っていました。「85歳をすぎて、体のどこにもガンのない人はいない。脳にアルツハイマーの変化のない人もいません」と。

無病息災という言葉があります。現実的には「無病」などほぼありえませんが、「一病息災」ならちょうどいいのではないでしょうか。なにか病気を持っていると体調に注意するので、結果的に健康で長生きする人は多いのです。

人生の後半は病気の一つや二つあって当たり前。「ウィズを生きる」という発想が大切になってきます。体の状態と上手につき合い、ひどい状態にしない。

それが「楽しく暮らすコツ」だと私は思います。

人生の後半は病気があって当たり前。
「病気は道連れ」精神で気楽にすごす。

体力、筋力、意欲が衰えたら……。高い目標よりも〝小さながんばり〟です。

「ペットボトルのキャップを取っていただけますか？」

20年ほど前の夏、街を歩いていると80代ほどの女性にそう声をかけられました。老化現象を語るとき、「フレイル」という言葉が使われますが、彼女はまさにフレイル状態だったのでしょう。

フレイル状態は「虚弱」「脆弱」「老衰」などと訳されます。

症状としては「意欲の低下」「体重減少」「疲労感の増加」「歩行速度・握力の低下」「活動量の低下」などがあげられます。心当たりはありませんか？

フレイルは精神、肉体の両面に見られますが、肉体面のケアをすることで精神面も改善するケースがあります。たとえば「毎朝15分の散歩」「一日にスクワット30回×2」「かかと落とし10回×3」「エスカレーターをやめて階段を歩く」など、日常の〝小さながんばり〟でも継続すれば効果は確実に表れます。

私自身、移動は車が中心ですが、朝の散歩、病院内、大学内の頻繁な移動などが、肉体面の老化防止対策に効果ありと実感します。「〜ねばならない」と高い目標を掲げて挫折するより、〝小さながんばり〟を続けましょう。

さしたる理由もないのに塞(ふさ)ぎ込んでしまう。そんなときは、外に出てしまいましょう。

「なんだか、気分がすぐれないな……」

金銭面や人間関係で問題があるわけではない。体の不調を感じるわけでもない。それなのに目が覚めると、どういうわけか塞ぎ込んだ気分……。現役世代であれば、そんな状況でも仕事がありますから、一歩外に出れば、こうした漠然とした鬱屈感と向き合ってはいられません。

問題なのは、高齢者世代です。塞ぎ込んだ気分に向き合ったまま、家に居続けるのは老人性うつの原因になりかねません。それを回避するために、四の五の言わずに外に出てしまいましょう。ウォーキングのススメです。

もちろん、歩数や歩く姿勢にこだわったりする必要はありません。自分のペースで歩き、街の変化を楽しんだり、季節の移ろいを肌で感じたり、あるいは園児たちのかわいらしさに目を細めたり……。

外に出てちょっと歩いてみるだけで、ぼんやりとした〝心の湿度〟もあっという間に乾いて消えていくはずです。わけのわからない塞ぎ込みには、とにかく外出がいちばんですよ。

さしたる理由もないのに塞ぎ込んでしまう。
そんなときは、外に出てしまいましょう。

過去は検証、
修正して「殺菌」する。
「悔（かい）」「悲（ひ）」の視線ばかりを
向けるのはやめましょう。

「あのときこうしておけば……」

多くの60代、70代は、過去の自分を思い出して、こう感じることがあるのではないでしょうか。私だけではなく、誰もが過去への後悔、過去の悲しみを胸に刻んで生きているはずです。

「オレは一つも後悔することなんてない。悲しみだってゼロだ」

真顔でそう公言する高齢者がいたとしたら、その人に対して「?」と感じてしまうでしょう。こうした「悔」や「悲」といった感情は人間が生きていることの証で、その人の成長、進化の原動力ともいえるものです。そうした感情が、二度と同じ失敗を繰り返さないための行動を生むのです。

ただ気をつけなければならないのは、過去への「悔」や「悲」の感情が強すぎると、進化、成長どころか、人生の停滞、劣化につながってしまいます。

もちろん、「悔」や「悲」を生んだエピソードへの検証と修正は必要です。それによって「悔」や「悲」の感情を「殺菌」するのです。

殺菌が済んだら、「まあ、いいか」と過去の自分に寛容になることです。

過去は検証、修正して「殺菌」する。
「悔」「悲」の視線ばかりを向けるのはやめましょう。

心が軽くなるとっておきの方法――「悲感面」よりも「楽感面」を見つける。

悲しみに沈んでいる人の話を聞くとき、いつも私は「そうかもしれませんね」と、いったんは相手の気持ちを受け入れ、そのうえで「でも、こんな考え方もありますよね」と別の視点を持つようにアプローチします。

こうしたアプローチは、精神科治療の「認知療法」の考え方の一つで、本人の〝思考の偏りを認知〟させ、ネガティブ思考のクセを変えていくのです。

たとえば、定年退職で「もう誰にも必要とされなくなった」とネガティブに捉えてしまうと、思考が悪いほうへと進み、強い不安に陥りかねません。そんなときに「前向きに考えましょう」と言われても、うまく切り替えられません。

そこで大切なのが〝別の可能性〟を考えることです。すべての物事には二面性があります。見方を変えることで、感じ方は違ってきます。

定年退職は「もう誰にも」と〝悲感する〟のではなく、「これからは自由だ」と〝楽感する〟こともできるのです。

ネガティブ思考に陥っている自分に気づいたら、物事の「悲感面」ではなく「楽感面」を見つけましょう。

記憶の低下より感情の老化に注意。前頭葉が老化すると「キレる老人」に。

加齢とともに記憶力はかならず落ちてきます。そして、脳の中でもっとも早く老化するのは、記憶を司る海馬ではなく、前頭葉なのです。

前頭葉は、感情や意思など人間らしさを司る部位。この前頭葉が老化すると、意欲がわかない、怒りっぽくなる、身だしなみに気を遣わなくなるといった状態を招きます。「キレる老人」といった言葉をよく耳にしますが、感情を抑えられないといった症状も前頭葉の老化と関係しています。

心も体もずっと若々しくいたいなら、前頭葉の老化を防ぐことが大きなポイントとなります。では、前頭葉の老化はどうすれば防げるでしょうか?

前頭葉は〝新奇なこと〟をすることで活性化します。そこで私のおすすめは、一日に一つ、〝実験をしてみる〟こと。たとえば、一度も入ったことのないお店に入ってみる。シャツを買うとき、いつもグレーや黒を選んでいるなら、赤を選んでみるのはどうでしょう。

日常の中で忘れる、思い出せないことに神経質になるよりも、新しいことにどんどんチャレンジしてみてください。

記憶の低下より感情の老化に注意。
前頭葉が老化すると「キレる老人」に。

理屈の正しさばかりを
求めすぎないこと。
「力を抜いて」感覚で
物事に向き合うのも悪くはない。

成長や進化が最優先される社会では、精一杯知識やスキルを身につけることが正しいとされてきました。そういうシーンで力を入れることは簡単ですが、逆に力を抜くことはなかなか難しい。けれども、老人になれば自然に力が抜けてくるから面白いものです。ですから、「年齢を重ねると、心も体もムダな力が抜けてくるものなのだ」と肯定的に捉えると、明るい気持ちになれそうです。

かつてベストセラーとなった『老人力』※の著者、赤瀬川原平さんが示唆に富んだことをおっしゃっていました。若い時代はどうしても論理に従う。そうしないと馬鹿にされるんじゃないかと考えるからです。

でも老人になると、「まあ、いっか」というのが基本だから、「論理で怒られたって別にいい」というアバウト感覚になる——と。そして「理屈の正しさよりも、自分の感覚がいちばん」だと結論づけているのです。

高齢者は「自分の感覚がいちばん」に従って、ときにわがままでもいいのです。それが、心も体も若々しくいられる秘訣なのです。

※・老人力……『老人力』著・赤瀬川原平／筑摩書房

077　理屈の正しさばかりを求めすぎないこと。
「力を抜いて」感覚で物事に向き合うのも悪くはない。

感情そのものは
成長、進化のエネルギー。
でも、「激情」に
翻弄(ほんろう)されてはいけません。

私は以前、感情的にならないようにする本※を書き、読者の方から多くの支持をいただきました。感情そのものは人間の成長、進化の原動力です。問題なのは、激情ともいうべき一瞬の感情に翻弄されて、間違った言動や行動に走ることです。

最近、この〝感情に翻弄された言動〟が増えているようです。「隣の客がうるさい」「運転で追い抜かれた」などを理由に、過激な言動や行動に訴えるケースです。相手の反撃でケガ、あるいは命の危険の可能性さえあります。軽度認知障害（MCI）や認知症の人では〝性格の先鋭化〟という症状が生じ、これまでは抑えていた感情が強まってしまうこともあります。

そんなとき、身につけておきたいのは自分を俯瞰するクセです。「自分は理性を失っている」と実況中継のように自分をリポートしてみてください。

怒りの感情に翻弄されそうになったら「この人は怒りそうですね」と、自分を〝鳥の視線〟で俯瞰して冷静さを取り戻しましょう。

※・感情的にならないようにする本……『「感情的」にならない技術』著・和田秀樹／新講社

感情そのものは成長、進化のエネルギー。
でも、「激情」に翻弄されてはいけません。

じれったくてもどかしい「アレ、アレだよ」は、情報の「入力⇕出力」を繰り返せば、あら不思議。

「石原裕次郎とか加山雄三は忘れることはないのに、最近のドラマの主役の名前となると、『ホラ、あの人……』って。毎週、観てるのに」

60代をすぎると多くの人が経験をすることです。これは加齢による脳の老化が原因です。「神木隆之介」「松本潤」と新しい情報が入力されても、すぐに出力することができなくなるのです。しかし脳から消えたわけではありません。

一方、「石原裕次郎」や「加山雄三」の名前は、すぐに出てきます。若いころから何度もその名前を口にしたりしたことで、脳に定着しているからです。

では、「アレ、アレだよ」を回避するためにどうすればいいか。

90歳をすぎて、いまも活躍する俳優の仲代達矢さんの記憶術にヒントがあります。仲代さんはセリフを一度書き写し、書いた紙を部屋に貼って声を出して読むことでセリフを覚えるそうです。つまり、「目で読む（情報の入力）」⇒「字で書く（情報の出力）」⇒「声に出して読む（情報の出力）」がセリフの定着につながるのです。

あなたの「アレ、アレだよ」は「入力⇔出力」で改善します。

じれったくてもどかしい「アレ、アレだよ」は、
情報の「入力⇔出力」を繰り返せば、あら不思議。

脳に「融通」をきかせて「小さな移動」を日常に。〝アンパンマン〟がデパート回遊を楽しむ？

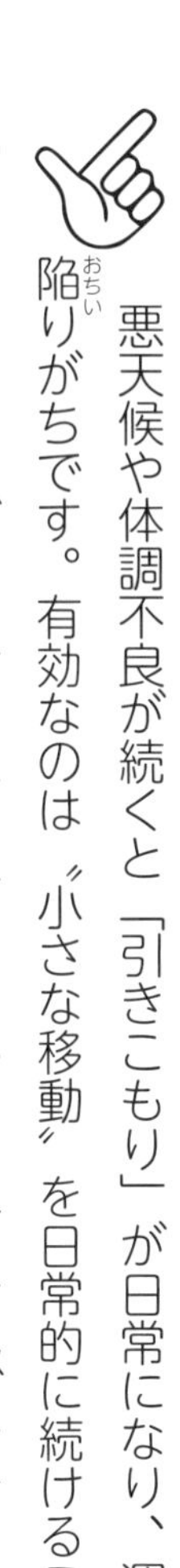

悪天候や体調不良が続くと「引きこもり」が日常になり、運動不足に陥り（おちい）がちです。有効なのは〝小さな移動〟を日常的に続けることです。「出かけるところがない」と思う人もいるかもしれませんが、そこは脳に融通をきかせましょう。電車やバス、車で出かけることばかりが移動ではありません。美術館や映画などに出かけるばかりが〝出かける先〟でもないのです。

たとえば、いつも行くスーパーや喫茶店に自転車ではなく、徒歩で行ってみる。都内なら地下鉄を使わず、自転車で移動する。行き先も散歩のコースを変えたり、ウインドウ・ショッピングに出かけてみてはいかがでしょうか。

『アンパンマン』の作者、やなせたかしさんは一駅先のデパートに行き、全フロアを見てまわるのが日課だったと聞いたことがあります。「いい運動になるし、新商品が見られて面白い」とおっしゃっていたとも。

どんなことでも固定観念に縛られて、そこから抜け出せず部屋にこもってストレスを募（つの）らせていたら精神衛生上よくありません。脳に融通をきかせて、ぜひ小さな移動を楽しみましょう。

脳に「融通」をきかせて「小さな移動」を日常に。〝アンパンマン〟がデパート回遊を楽しむ？

上機嫌な暮らしを送る秘訣は
怒りのコントロール。
「6秒ルール」で
心おだやかにすごしましょう。

電車や病院などで、高齢者が怒りを爆発させているところを見たことはありませんか。人間の感情は脳の前頭葉によって抑制されていることがわかっています。ところが高齢になると前頭葉の機能が低下し、怒りを抑えられなくなってしまうのです。

しかし、「高齢だから仕方ない」と思わないでください。怒りのブレーキの操作は可能です。私のおすすめは、「6秒ルール」です。怒りの気持ちが湧いたら、数秒間、いったん冷静な自分を取り戻す。そのうえで「大きなトラブルになっても後悔しないか」を自分に問うてみてください。「取るに足らないこと」と思えればしめたものです。やがて習慣になり、爆発しなくなります。

怒りの感情を起こしやすい裏には、体調不良が隠れていることもあります。眠れない、家に引きこもってばかりということはありませんか？天気のよい日はぜひ、散歩に出かけてみてください。気分転換にもなり、モヤモヤが晴れます。

怒りを上手にコントロールして、上機嫌な毎日を送りましょう。

上機嫌な暮らしを送る秘訣は怒りのコントロール。
「6秒ルール」で心おだやかにすごしましょう。

かの作家の警告です。
「暗い人とつき合っちゃダメ」。
上機嫌をてっとり早く
手に入れる甘味の魔法。

年をとると、鏡を見る機会が少なくなるそうです。朝、チラッと鏡を見たら、そこには苦虫を噛みつぶした……では、人は集まってきません。

上機嫌を手っとり早く手に入れるには、〝甘いもの〟がおすすめです。甘味が大好物な人でなくても、甘いものを口にすると人は笑顔になります。甘味には人の気持ちに余裕を与え、脳にも幸せ感をもたらす「快適物質」という特性があります。ソフトクリームを食べながら口喧嘩をするのは難しいのです。

「甘いものを控えて」と医者に言われても額面通りに受けとる必要はありません。甘味のおいしさは人を幸せにするだけでなく、ストレス解消にも大きな効果を発揮します。

甘いものをガマンしても、仏頂面の人に、人は寄ってきません。それが日常化すると、人づき合いは減っていきます。

作家の宇野千代さんが「暗い人とつき合っちゃダメよ。うつるから」と言い切っていたというエピソードを聞いたことがありますが、けだし人間関係の本質をついていると思うのは私だけでしょうか。

かの作家の警告です。「暗い人とつき合っちゃダメ」。
上機嫌をてっとり早く手に入れる甘味の魔法。

「医者が絶対」
ではありません。
自分独自の健康知識を
持ちましょう。

「夫に先立たれ塞ぎ込んでいたとき、はじめてタバコを吸ってみた。すると気分がスッキリしてタバコを吸いはじめた。それ以来、毎日が楽しくなった」――以前、新聞の読者投稿欄でそうした主旨の記事を目にしました。80歳を過ぎた女性だったと記憶してます。私自身はタバコを吸いませんし、喫煙をすすめるつもりはありません。しかし、この女性にとってはタバコが救いになったのです。世の中には健康常識があふれ、「肥満は病気のもと」「血圧の上は130以下」「コレステロール値に注意」「肉よりも魚」など、多くの人の自由な生活を必要以上に規制しているように感じます。

そこで提案したいのが、自分独自の「ヘルスリテラシー（健康情報活用力）を持ちましょう」ということです。●自分にとっての健康とは　●基準は自分に合うか　●ストレスは？　●どう生きたいか　などなど……。

ちなみに日本の喫煙率は低下していますが、肺ガン患者の数は減っていません。「信じるな」とまでは言いませんが、「医者が絶対」ではありませんよ。

「医者が絶対」ではありません。
自分独自の健康知識を持ちましょう。

「病気探し」という
〝病〟にかかる高齢者。
「できるだけ病院に行かない、
検査も受けない」が最高の養生。

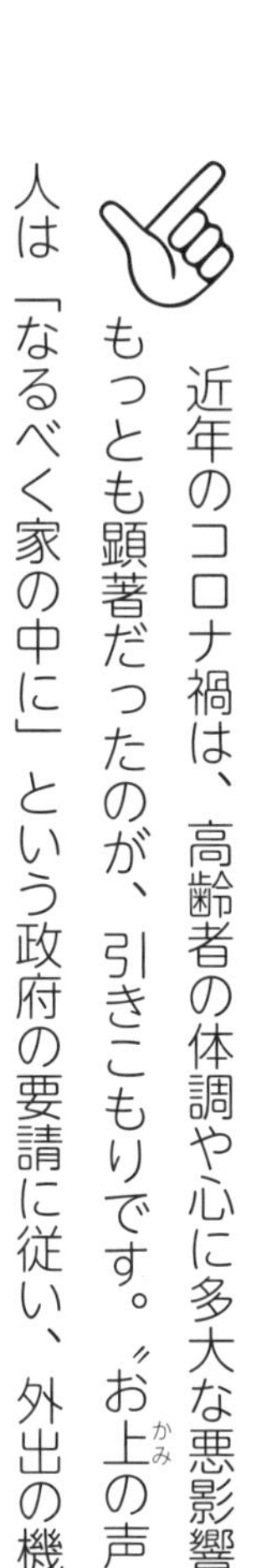

近年のコロナ禍は、高齢者の体調や心に多大な悪影響を及ぼしました。もっとも顕著だったのが、引きこもりです。〝お上(かみ)の声〟に従順な日本人は「なるべく家の中に」という政府の要請に従い、外出の機会は激減。散歩する機会も減少し、高齢者はひたすら家に引きこもるようになりました。

これは高齢者にかぎったことではないのですが、日本人は自分の不調にセンシティブ（敏感）すぎる傾向があります。体調が悪いからといってなんらかの病名をレッテルのようにつけてしまうのは、かえって不健康のような気がします。「○○症候群」も増えていますが、そのほとんどは病気とはいえないものばかりです。マスコミも同調するため、「自分もそうなのか」と信じ込んでしまう人もいます。「病気探し」という病気にかかったかのように、何カ所も病院巡りをすることになるのです。

「なるべく病院に行かないこと。検査も受けないこと」

あまり自身の体調に神経質にならず、心も体も解放して活動することが最高の養生(ようじょう)だと私は思います。

「病気探し」という〝病(やまい)〟にかかる高齢者。
「できるだけ病院に行かない、検査も受けない」が最高の養生(ようじょう)。

聴力の衰え（おとろえ）は、
脳の老化のはじまり。
「聞こえにくい」と感じたら、
ためらわず補聴器の使用を。

世界五大医学誌の一つ『ランセット』が、2020年に「12の認知症リスク」を発表しました。そのなかでもっとも高いリスク要因としてあげたのが難聴などの聴力の低下です。耳が遠くなって円滑なコミュニケーションが難しくなると、脳への入力情報が減り、刺激が乏しくなって脳の老化が早まってしまいます。早めに専門医を受診し、治療するなり、補聴器をつけるなどの対処が必要です。

作家の五木寛之さんは、若いころから養生をされていることで知られていますが、「音を聞くためには努力しなければならない。耳はちゃんと使わなければ退化する」といった、聴覚の大切さを以前書いておられました。

またその鍛え方も興味深く、「イヤホンをしない」「朝夕、両手のひらで耳を摩擦する」「大音量で音を聞かない」とのこと。

多くの人はまわりの目を気にしてか、補聴器の使用をためらう傾向があります。聴力は正しい情報入力、会話の精度など、生活の質の維持に深く関わっています。眼鏡の使用や歯の治療同様、補聴器の使用も一考しましょう。

093 聴力の衰えは、脳の老化のはじまり。
「聞こえにくい」と感じたら、ためらわず補聴器の使用を。

幸せは日光浴でつくられる。
「セロトニン」で
幸福な気持ちを保つ。

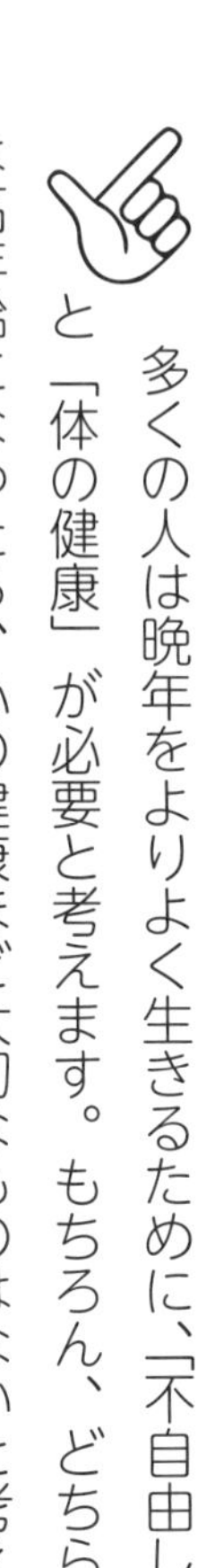

多くの人は晩年をよりよく生きるために、「不自由しない程度のお金」と「体の健康」が必要と考えます。もちろん、どちらも大切ですが、私は高年齢になったら、心の健康ほど大切なものはないと考えています。

年を重ねると、皆さんは認知症の心配をされますが、高齢者の病気の中で気をつけたいのは「老人性うつ」です。発症すると日々不安から逃れられず、身体的な不調も続きます。これほど辛いことはありません。

そこで実践していただきたいのが、「外に出て日光に当たる」ことです。散歩やゴルフもいいですし、とにかく外に出かけましょう。

日光に当たると、幸福感を伝える神経伝達物質、セロトニンが多く分泌されます。セロトニンは、別名「幸せホルモン」。貯金や健康に恵まれてるのに不幸だと思い込む人は、セロトニンの分泌量が少ないことが一因です。

セロトニンの分泌量が減ると、いまある幸せに気づきにくくなります。日光を浴びるだけで、ささやかな出来事に幸せを感じられるのなら、これほど安上がりなものはありませんよ。

095 幸せは日光浴でつくられる。
「セロトニン」で幸福な気持ちを保つ。

肉には「いきいき」を生み出す
必須アミノ酸がたっぷり。
若々しさを保ちたいなら、
肉食を心がけましょう。

高年齢になると、あきらめの感情が湧くことがあります。それを機に一気に老化が進む……という人は少なくありません。要因となるのは体力の落ち込みや、セロトニンの分泌量低下などがあげられますが、これは体の変化としては致し方ないこと。ですから高年齢になったら、自分の体に不足しているものは積極的に足していくことが大切です。

私はこの方法を「足し算健康術」と呼んでいます。たとえば、貧血気味なら鉄分を足していく。乾燥が気になるならクリームを塗る。活力不足を感じているなら、動物性たんぱく質の宝庫である肉を食べることです。たんぱく質は筋肉や血管、皮膚や粘膜など、あらゆる組織の材料となる物質です。なかでも肉には、セロトニンの材料の一つである「トリプトファン」という必須アミノ酸が豊富に含まれています。

高年齢になると肉を敬遠しがちですが、セロトニンを補充し、筋肉をつけるためにもしっかりと食べたほうがよいのです。肉食で活力をつけ、幸福感を感じるセロトニンの分泌を高めていきましょう！

肉には「いきいき」を生み出す必須アミノ酸がたっぷり。
若々しさを保ちたいなら、肉食を心がけましょう。

物忘れを過度に心配する
必要はありません。
思い出せないことの多くは、
たわいないことのはずです。

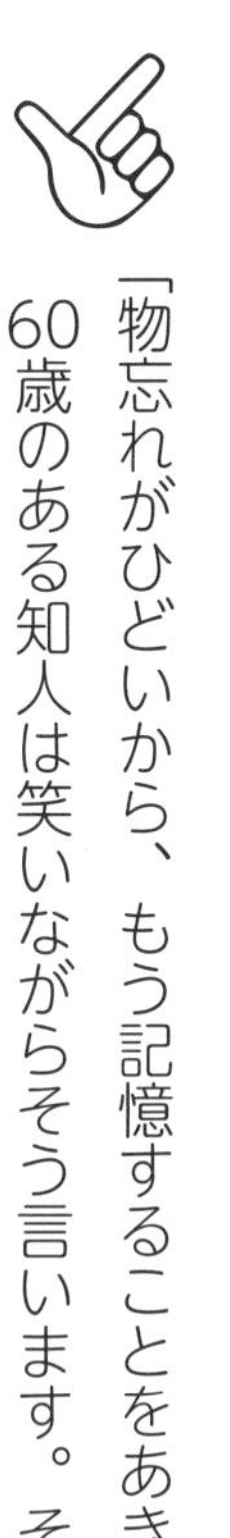

「物忘れがひどいから、もう記憶することをあきらめた」

60歳のある知人は笑いながらそう言います。その代わり、スマホを駆使して〝記憶置き場〟にしています。物忘れは、ほとんどの人が50代からはじまりますが、それほど神経質になることはありません。おそらく人間の脳は、驚いたこと、楽しいこと、辛いこと、悲しいことなど、ときどきの自分にとってインパクトのあった記憶が定着し、ふとしたときに甦(よみがえ)ってきたりするのです。

たとえば、受験勉強で得た知識が、ずっと記憶に残っている、という人は少なくありません。それは、「試験で正解した」あるいは「間違えた」といった強いインパクトで脳に刻み込まれたことで記憶として定着しているのです。

ですから、思い出せないことのほとんどは「思い出せなくても大丈夫なこと」と割り切ってしまえばいいのです。

ただし、認知症を疑われるような記憶力の低下は別です。よくいわれるように、「朝ごはんを食べたこと自体が不明確」といった状態なら、医師のもとに行ったほうが良いかもしれません。

物忘れを過度に心配する必要はありません。
思い出せないことの多くは、たわいないことのはずです。

脳トレの題材選びは、
「好きなこと」がポイント。
やらされる〝訓練〟では、
脳は活性化しません。

「脳トレとして数独※をすすめてみました」

認知症の親御さんのいる方から、そんな話を何度か聞きました。

「なにか変わりましたか？」――そう尋ねると「どうでしょう？」とか「やらないよりは……」といった言葉が返ってきますが、「脳トレで認知症が改善しました」と答える人はほとんどいませんでした。

私は、認知症専門家と称する人が推奨する「脳トレ」の効果について、懐疑的です。なぜなら、お仕着せでやらされた〝訓練〟では、脳の老化改善などの効果は全くありません。他のテストの点も上がらないことは米国の調査でも明らかにされています。脳の活性化を図るなら、かつて自分が慣れ親しんできたけれど、しばらくやってこなかったこと、例えば囲碁、将棋、麻雀、読書、趣味や勉強などを選ぶことをおすすめします。

脳トレはあくまでも手段であって、目的ではありません。仕方なくやらされる訓練はかえってストレスを生み、脳機能に悪影響を与えかねません。

※・数独……9×9のマス目を3×3のブロックに分け、各行・各列・各ブロックとも1から9までの数字を重複なく一つずつ配置するパズルゲームのこと。株式会社ニコリの登録商標。

使わなければ衰（おとろ）えるのは、
性器も同じこと。
「性のかたち」を
真面目に考えましょう。

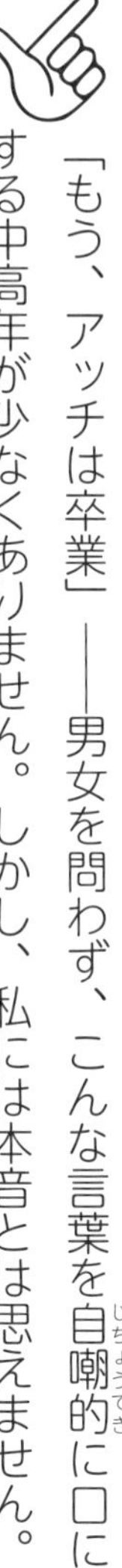

「もう、アッチは卒業」——男女を問わず、こんな言葉を自嘲的に口にする中高年が少なくありません。しかし、私には本音とは思えません。日本では、性を人前でオープンに語ることは憚られてきました。

性愛のかたちは加齢とともに変化しますが、なくなることはありませんし、幸福な人生にとっては不可欠なものといっていいでしょう。

医学用語に「廃用性萎縮」という言葉があります。人間の体の部位は〝使わなくなる〟と機能に衰えが生じるということで、性器も例外ではありません。メンタル面で考えれば、ある人に対して性的関心が芽生えても、具体的な行動を起こさなければ性的関心そのものも次第に弱くなっていくことを意味します。

作家の渡辺淳一さんは医者でもありましたが、著書『欲情の作法』※の中で、高齢者の性に関して、廃用性萎縮への注意を喚起しています。冒頭の言葉を口にする人は、もしかして〝卒業〟ではなく〝自主退学〟なのではないでしょうか。「人生100年時代」です。もったいないとは思いませんか？

※・欲情の作法……『欲情の作法』著・渡辺淳一／幻冬舎

使わなければ衰えるのは、性器も同じこと。
「性のかたち」を真面目に考えましょう。

第3章 COMMUNICATION

まわりとの「つながり」

友だちの数より
知り合いの数を大切に。
一歩踏み出して、
新しい人間関係を。

年をとると人間関係が狭くなり、友だちも減ってきます。とくに退職すると、つき合う人の数が一気に萎(しぼ)んでしまいがちです。しかしそれをネガティブに捉(とら)える必要はありません。友だちは3〜4人もいれば十分です。

ただし、〝知り合い〟の数は増やしましょう。知り合いから聞く意外な情報にはワクワク感があります。面白い話を聞けば、家族や友だちに伝えたくなり、会話も弾みます。知り合いの数を増やす手っとり早い方法は、新しいことにチャレンジすることです。そして、親しい人間関係をつくるために一歩踏み出すことが大切です。

たとえば、家庭菜園に目覚め、ホームセンターに行くとします。知識の豊富なスタッフが大半のことは親切に教えてくれるでしょう。

そこで「知り合い獲得作戦」を実行するのです。簡単な質問だけでなく、さまざまな角度からの質問を用意し、スタッフと仲良くなるようにするだけです。この作戦をご近所や、お店などに広げていくのです。

老後の生活に安心と豊かさをもたらしてくれるのは、気軽な知り合いです。

友だちの数より知り合いの数を大切に。
一歩踏み出して、新しい人間関係を。

☑ 人が集まってくるのは
話が面白い人。

「おや?」「えっ!?」

「へえー!!」で会話上手に。

年をとれば人づき合いは減っていくものですが、なかには人が集まってくる稀有な人がいます。私が「この人、すごいな」と思ったのは学生時代にアルバイトをしていた出版社の編集長でした。

古今東西の文学、芸術、文化はもちろんのこと、雑学に至るまで、まさに博覧強記で話題には事欠かず、驚くとともに感心したことを覚えています。

彼の〝知〟の原動力がなんだったかといえば、好奇心でした。つまり、好奇心を持つ人が、「話を聞きたがられる人になる秘訣」といってもいいでしょう。

じつは、〝話を聞きたがられる人〟との会話には、3つの特徴があります。「？（おや？）」「!?（えっ!?）」「!!（へぇー!!）」の3つです。疑問があり、好奇心をそそられ、驚き、意外性があるのです。

とはいえ、ただ知ったことを話すより、そこで自分が思ったことや感じた疑問を話すことのほうが人の心に残ります。

これも、自分の好奇心が出発点です。好奇心を持ち続けることが人との関係、日々の生活を豊かにしてくれるのです。

「会って楽しい人」
「話を聞きたい人」。
そんな人には、
共通する特徴があります。

同じ高齢者でも、「ムダに年をとっている人」と「ダテに年をとっていない人」がいるように思います。

誰もが年をとるほど視野が広くなり、いろいろなことを受け入れられるようになる――と思われがちですが、なかなかそうはいかないのです。「懐が深くなる」とか「酸いも甘いも嚙み分ける」は、自覚的に「なろう」とすることで、はじめてなれるのです。ただ自然になれるわけではありません。

「自然」でなければ、どうすればいいのでしょうか。そこで提案です。

どうせ年をとるのなら、まずは「会って楽しい人」「話を聞きたい人」という具体的な目標を立ててみてはいかがでしょうか。私が見てきたそんな高齢者の特徴は、じつにシンプルです。それは「好奇心旺盛」「やさしい」「誠実」「謙虚」「フェア」です。そうした人は認知症になっても、自然に人が集まってきます。

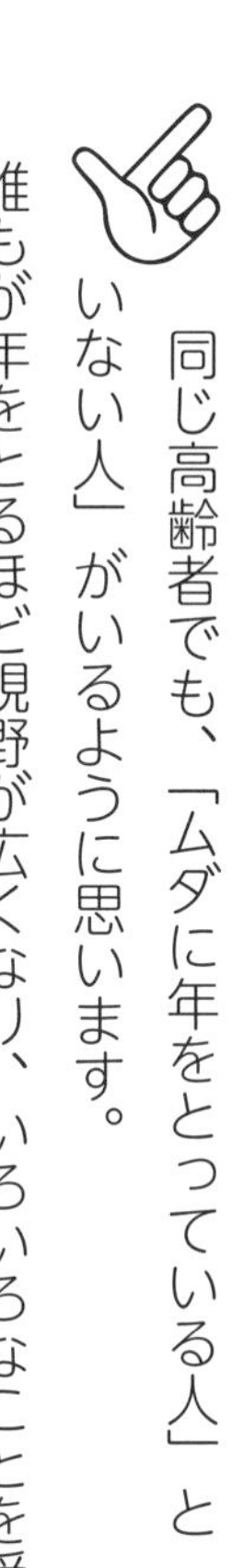

もしかするとそれは、あなたのまわりにいたかもしれない、不愉快な上司には備わっていなかった特徴かもしれません。

「ありがとう」という言葉のパワーは絶大。口グセにすれば脳も元気に。

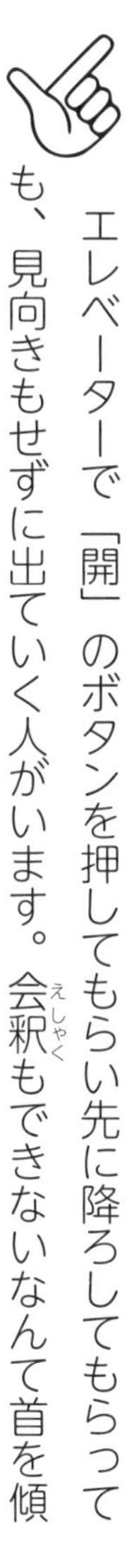

エレベーターで「開」のボタンを押してもらい先に降ろしてもらっても、見向きもせずに出ていく人がいます。会釈(えしゃく)もできないなんて首を傾げたくなりますが、〝脳力〟が落ちている人なのかなと感じてしまいます。

脳が元気な人は、周囲への観察力、また意思表示をする能力を保持しています。元気な脳を維持するためには、状況に応じて周囲に自分の感情を表現することを心がけるべきです。とくに周囲への謝意の表現は大切です。

脳の活性化には新しい情報を取り込むこと、情報の入力が有効ですが、同時にそれを表現するアウトプットが欠かせません。とりわけ有効なのが、さまざまなシーンで「ありがとう」と発語する習慣を身につけることです。親切にしてもらったという情報を入力し、謝意を言葉で出力するわけです。

「ありがとう」と言おうと感じても、それを口にすることをためらっていると、やがて感謝を感じなくなってしまいます。

「ありがとう」と言われてイヤな気分になる人はいません。円滑なコミュニケーションのためにも、ぜひ口グセに。

「ありがとう」という言葉のパワーは絶大。
ログセにすれば脳も元気に。

SNSは最高のコミュニケーション。ITスキルを身につけ、生活を豊かに。

いま、社会の一員として若い人とコミュニケーションをとるためにはインターネットの利用は欠かせません。メールやライン、ニュースや天気予報などの情報を得たり、チケットの購入をしている高齢者もいるでしょう。

このように「受け手」としてのインターネット利用は広く普及していますが、これからは情報の「送り手」として活用してみてほしいと思います。

情報発信するためにはブログ、X（旧ツイッター）、インスタグラムといった機能やサービスがあります。80歳のインスタグラマーや、X（旧ツイッター）のフォロワー数が数十万人という高齢者もいて、若い世代からも支持されています。

情報発信を続けていくと、人との交流が盛んになります。

また、脳を若々しく保つためには、話すこと以上に書くことが効果的なのです。「やり方がわからない」というのであれば、ひと言「わからないから教えてほしい」と率直に頼むことが大切です。無料の講座もたくさんあります。

高齢者こそ、生活の質を高めるITスキルを身につけましょう。

ご機嫌な
人間関係の秘訣は、
「肯定」「尊重」「譲歩」。
頑迷(がんめい)な態度はソンをする。

人と接することで脳の活性化を促進するのは喜ばしいことですが、どのような接し方をしていますか？　とくに高齢者が人と接する際に心がけたいのは、「お互いに上機嫌になれる関係を築く」です。

なにも自分を捨てて、納得できないことであってもまわりに合わせましょう、というのではありません。いくつになっても自分の主張を持つ態度は正しいことですが、こう考えてみることも大事です。それは「世の中には、どうしても譲れないことと、譲ろうが譲るまいがどうでもいいことがある」ということです。

たとえば政治や信仰にかかわる問題などについては、意見を異にする相手に同調するわけにはいきません。けれど、食べ物の嗜好（しこう）や趣味などはどうでしょう。譲るというか、どちらでもよいというスタンスが得策ともいえます。

上機嫌な人間関係をうまく保っている人は、「肯定」「尊重」「譲歩」を上手に使っています。相手を否定しないので、自然と人が集まるのです。

人と接するとき、頑迷（がんめい）な態度をとっていないか、振り返ってみましょう。

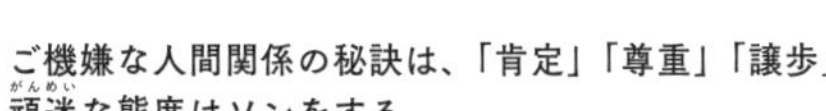
ご機嫌な人間関係の秘訣は、「肯定」「尊重」「譲歩」。
頑迷（がんめい）な態度はソンをする。

「思い出語り」の基本ルールは、
後悔や恨みの話禁止！
「楽しいこと限定」です。

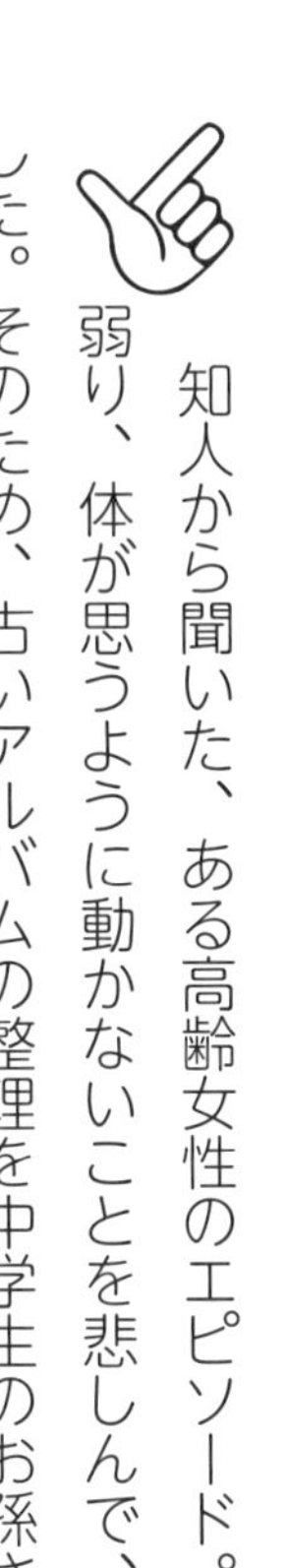

知人から聞いた、ある高齢女性のエピソード。その方は86歳。足腰が弱り、体が思うように動かないことを悲しんで、突然、終活を宣言しました。そのため、古いアルバムの整理を中学生のお孫さんとはじめました。

すると、思わぬ展開が待っていました。若いころの写真を見ているうちに、当時の話に花が咲き、しばらく見せたことのないハツラツとした表情になったではありませんか。結局、整理は不首尾に終わり、アルバムを捨てることもありませんでした。

過去のことばかり思い出し、同じ話を繰り返すのは認知機能が衰（おとろ）えた高齢者の一つの特徴で、まわりの人間が閉口するという光景はよく見られます。楽しい話ならともかく、後悔や恨みに満ちた話ばかりになると、当の本人にとっても、聞く側にとっても決して愉快なことではありません。友人や家族との会話の機会を減らしてしまうことにもなりかねません。「楽しいこと限定。不快なこと禁止」と決めておけば、思い出語りはいいコミユニケーションの機会ですし、高齢者の脳の活性化にも役立つはずです。

「思い出語り」の基本ルールは、後悔や恨みの話禁止！
「楽しいこと限定」です。

自慢話は
気心の知れた相手だけに。
でも、失敗話は
楽しく語って大いにけっこう。

前項の「思い出語り」ですが、気心が知れている間柄ではやはり楽しいものです。何度も聞いた話でさえ、聞く側も愉快な気分になれます。しかし、聞き手がさして親しくない人であったり、仕事関係の人であったりすると事情が違ってきます。自分は愉快でも、相手が愉快とはかぎりません。顔には出しませんが、聞き手を「また、その話か」という気分にさせてしまいます。とくに、これが自慢話となると、相手を不快にする可能性もあります。

ただ、同じ思い出語りでも、失敗経験の話はちょっと違います。その話の中に「なるほど」と学びを感じとれる要素があれば、聞き手にとっても役に立つことがあるからです。これまでに聞いたことのある話だったとしても、です。

職業柄、私も高齢の患者さんから同じ話を何度も聞く機会があります。もちろん、自慢話であっても耳を傾けるのは当然です。けれども、失敗話でさえ楽しそうに語る患者さんの話を聞いていると、それが何度目かであっても、自分がおだやかな気分になるのを実感します。

自慢話は気心の知れた相手だけに。
でも、失敗話は楽しく語って大いにけっこう。

「助けてほしい」と素直に
伝えることができれば、
老化が進んでも
愉快に生きられる。

世代を問わず、いつも威張っていて仏頂面の人は誰からも敬遠されます。そういう人は、日常生活でいざ困っても、まわりからの救いの手は期待できません。他人にやさしい人でも、相手が威張りん坊の仏頂面であれば、どうしたものかと考えてしまいます。それが人情というものです。

もし、あなたがこの威張りん坊の仏頂面タイプであったとしたら、仮に体に不自由が生じたり、認知症になったりしたときに、かなり苦労するかもしれません。

私が勤めていた病院での話です。社会的地位が高かったり、資産家であったりして、現役時代には多くの人に取り囲まれていたにもかかわらず、高齢になって入院生活を送るようになると、家族をはじめ、誰も見舞いに訪れなかった人がいました。医療スタッフに対しても居丈高な態度でしたから、ときに彼らの怒りを買うことさえありました。

高齢になれば、自分でできないことが生じるのは当然です。そのとき「助けてほしい」「ありがとう」を素直に伝えられる自信は、あなたにありますか？

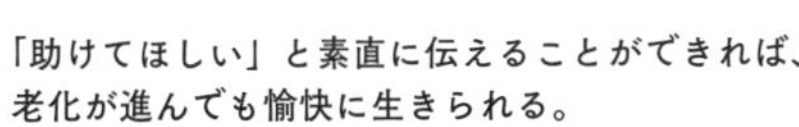

認知症になっても、
いつも笑顔でいたい！
みんなで理解を深めれば
ニコニコ共存。

笑顔は人を呼び寄せる——。長年、老年精神医学に携わってきた人間として、それを強く感じます。私は、かつて田舎と呼ばれるような地域の医療施設で働いた経験がありますが、そこでは、認知症になってもまわりから支えられながら、ニコニコと暮らしている高齢者がたくさんいました。

そんな高齢者は、農家の生産者として、あるいは商店主として立派に働いていました。まわりの人たちも、あたたかく見守っていました。ところが、都市部ではちょっと事情が異なります。人の多さ、交通量の多さなどという問題もあって、認知症の高齢者と同居する家族が外出させることを避けたがります。

〝世間の目〟を気にする風潮もあります。そうなると、他人との交流の機会が減り、認知症の症状が進みがちになります。当然、笑顔も影を潜めてしまいます。

たとえ認知症と診断されたとしても、できることはあります。高齢者自身も、まわりもそのことをきちんと理解すれば、ニコニコ顔で共存できるはずです。

☑

言いたいことが
言い合える知り合いは貴重。
脳の老化予防に効く
「健康長寿脳仲間」です。

「いつも議論になる。でも、わだかまりにはならない」

いま、あなたの近くにそんな知り合いがいたら、その人はあなたにとってじつに貴重です。お互いの脳を刺激し合い、脳の老化を予防し合うよき関係です。

脳の老化や認知症の発症に深く関わる脳の部位は「前頭葉」です。前頭葉は想定外の事態に対応するときに活性化します。ルーティンをこなしているだけでは、前頭葉は鍛えられません。つまり、議論もしない〝ナアナア関係〟だけで、まったりすごしていたら前頭葉が怠(なま)けてしまうのです。

また、「腹を割って話す」ことは、効果的なストレス発散法です。わずかなストレスでもうつ病のリスクを高めるものです。近年、「ストレスがガンの発症を抑える免疫細胞の活性を落とす」という説も出ています。

腹黒い知人は避けたいものですが、聞き上手で話し上手、〝ナアナア〟ではなくある程度の緊張感が保てて、でもケンカにはならない知り合い。それがあなたの貴重な「健康長寿脳仲間」です。

言いたいことが言い合える知り合いは貴重。
脳の老化予防に効く「健康長寿脳仲間」です。

いつも笑顔の人は、まわりを明るくします。愛され、慕(した)われ、頼りにされる存在です。

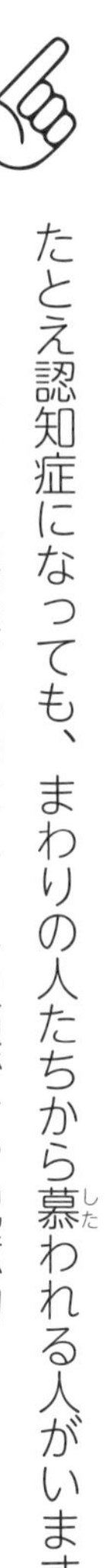

たとえ認知症になっても、まわりの人たちから慕われる人がいます。

こうした人たちに共通するのはニコニコ顔です。記憶力や理解力の衰えもあって、会話がちぐはぐになることはあっても、イライラしたり怒ったり、落ち込んだりはしません。

不思議なもので、笑顔でいるかぎり、他人に対して怒ったり、対立姿勢をとったりすることはありません。まわりにはファンもいて、なにかと気を配ってくれます。

以前、ある看護師さんが、認知症の患者さんに悩みを打ち明けるシーンに私は遭遇しました。患者さんはただニコニコ顔で聞いていました。しかし、看護師さんは、聞いてもらえただけで元気づけられた様子でした。幸せな高齢者の姿がそこにありました。笑顔の人は愛され、慕われ、ときに頼りにされます。

かつて、長寿の双子姉妹として人気を博した「きんさん、ぎんさん」は、持ち前の笑顔で多くの人に慕われました。まわりに明るさと意欲を運ぶ存在でもありました。認知症であったかどうかは、どうでもいいことですよね。

いつも笑顔の人は、まわりを明るくします。
愛され、慕われ、頼りにされる存在です。

☑

会話は「YESの人」を心がけましょう。「NOの人」は疎(うと)まれます。

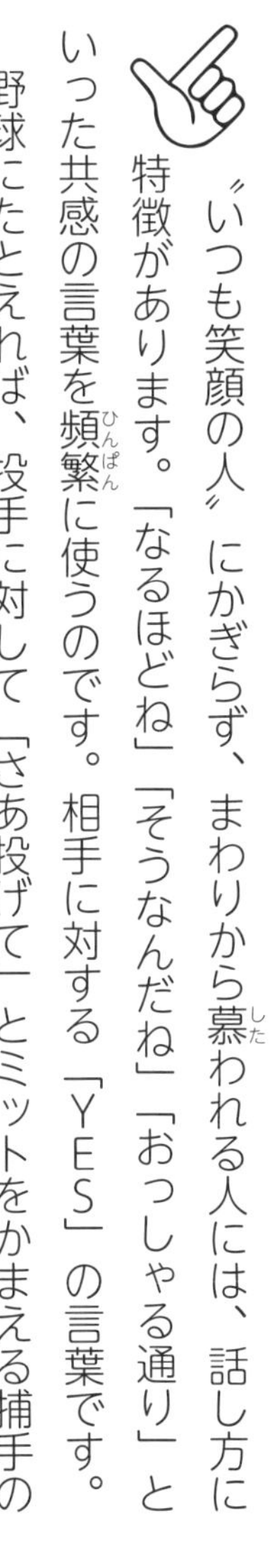

〝いつも笑顔の人〟にかぎらず、まわりから慕われる人には、話し方に特徴があります。「なるほどね」「そうなんだね」「おっしゃる通り」といった共感の言葉を頻繁に使うのです。相手に対する「YES」の言葉です。

野球にたとえれば、投手に対して「さあ投げて」とミットをかまえる捕手のようです。上手にボールを受け、言葉のキャッチボールを楽しみます。反対にまわりから疎まれる人は、「でもね」「そうかな」という言葉を好んで使います。「NO」の言葉です。言葉の〝投げ手〟に対して、〝打ち手〟としてバットを握りかまえるのです。これは対決ですから、笑顔はありません。

日常生活に対決が必要な場面は、ほとんどありません。しかし〝NOの人〟は、平和な場面でも対決の言葉や口調を選んでしまいがちです。

〝NOの人〟は、あなたの職場にもいたでしょう。出世はしたかもしれませんが、いま笑顔で幸せに暮らしているでしょうか。

とくに人生後半は会話において「YESの人」「愛される受け手」でいたいものです。

「人好き」か「人嫌い」かは
どうでもいいことです。
脳の活性化のために、
〃人断ち〃だけは避けましょう。

じつのところ、私自身は決して「人好き」ではないと思います。しかし、他人との交流を意識的に避けているわけではありません。いたずらに〝群れる〟のはイヤですが、人と知り合い、面白い話を聞くことは嫌いではありません。知らない分野の話や、新鮮かつ意外な情報に触れることは、私にとって大きな刺激になります。

生身の人間から伝わってくる情報と、活字やネットで得られる情報とでは、情報の質に違いがあります。発言者の言葉以外に表情、声、抑揚（よくよう）から伝わってくるものがあります。臨場感、空気感が言葉以上のなにかを伝えるのです。

何度も述べますが、認知症を遠ざけ、脳を活性化するためには、新しい情報の入力と出力が欠かせません。その頻度が高ければ高いほど、脳の老化を回避することができます。人と接することは、この情報の入力と出力そのものです。「人好き」であろうが「人嫌い」であろうが、それは個人の自由です。しかし、〝人断ち〟だけは避けたいものです。

「人好き」か「人嫌い」かはどうでもいいことです。
脳の活性化のために、〝人断ち〟だけは避けましょう。

「上から目線」と同様に、
「上から言葉」も要注意。
「王様は裸だよ」と
言ってくれる人がいなくなります。

私は人に対して、「さん」をつけるのが基本です。もともと気が弱いからかもしれません。また、偉そうな人間が好きになれないからかもしれません。しかし、それ以上に理由があります。そのほうが絶対に〝ラク〟だからです。相手によって、口の利き方を変えるのはとにかく面倒です。間違ってしまえば非礼になりますし、怒らせてしまうこともあります。

基本的にていねいな言葉遣いを常用していたほうが〝ラク〟ですし、コミュニケーションの幅も広がります。世の中には、好んで他人を呼び捨てにしたり、ただ年下というだけで「クンづけ」で呼びたがる人がいます。

ちなみにいわゆる任侠（にんきょう）などの世界では「貫目（かんめ）を量（はか）る」という習慣があって、相手のキャリアや地位を量（はか）って、言葉遣いや接し方を変えるそうです。

ただ、私が思うのは「上から目線」と同様に「上から言葉」はコミュニケーションの幅を狭（せば）め、率直な意見交換を阻害しかねないということです。高齢になったら、「王様は裸だよ」と教えてくれる人の数は多いほうが幸せです。

「上から目線」と同様に、「上から言葉」も要注意。
「王様は裸だよ」と言ってくれる人がいなくなります。

意見の対立があっても
感情に翻弄(ほんろう)されず、
相手への敬意を
忘れてはいけません。

世代を問わず、コミュニケーションは〝YESの人〟が基本です。しかし、人生観、宗教観、政治観、社会観などの話をすれば当然、意見の対立が生じることはあります。

友人関係、趣味のサークル、地域活動などにおいても同様です。そうした場での議論を有意義かつ生産的なものにするために、忘れてはならないことがあります。それは別の項でも述べていますが、感情に翻弄(ほんろう)されると、理性的、論理的な思考ができなくなってしまうことです。

相手が議論の成立しない暴言の持ち主であるとか、差別的な発言をするといったケースは別として、対立相手への敬意を忘れてはなりません。

「私はあなたの考えに反対だが、あなたがそれを主張する権利は命をかけて守る」※——フランスの哲学者ヴォルテールの逸話集に書かれている言葉です。

高齢者だけではありません。世代を問わず、意見の異なる相手と有意義な議論を行うときに忘れてはならないスタンスです。

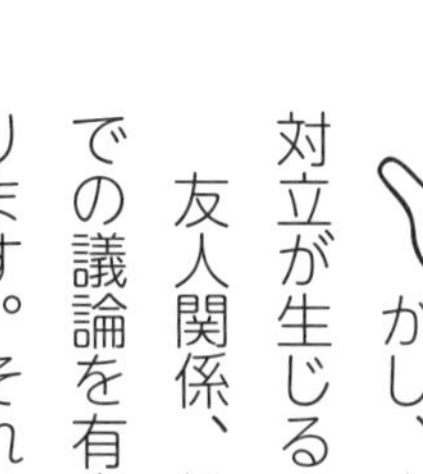

※・「私はあなたの考えに反対だが〜」……イギリスの作家S.G.タレンタイアが、フランスの哲学者ヴォルテールの逸話集『ヴォルテールの友人』の中で書いたとされる言葉。

意見の対立があっても感情に翻弄(ほんろう)されず、
相手への敬意を忘れてはいけません。

あの人は有名大学卒業？
この人は一流商社役員？
学歴、肩書は〝賢(かしこ)さ〟とは
なんの関係もありません。

私の知っているある作家は幼いころ、父親から「偉さは肩書で決まるのではない」ということを教えられた、と聞いたことがありますが、私もまったく同感です。

あの人は有名大学卒業だ、この人は一流商社の役員だと聞けば、ただそれだけで〝あの人は賢いのだ〟と決めつけてしまう人がいます。しかし、学歴や肩書は、その人の知性、教養、人格を保証するというものではありません。

認知心理学では、「賢いとは知識の多さではなく、蓄積した知識を使って推論できること」としています。知識を加工して新しい考え方を生み、それをアウトプットする、その加工能力の高さが賢さとされているのです。

（知識の）入力↓推論↓出力↓検証↓修正……つまり、日常生活のささいな出来事に関する考察であっても、まわりとの会話であっても、これを常に頭の中で理性的に行えることこそ、賢い人の特徴なのです。

私が日ごろ「賢い人だな」と感じる人は、こうした資質にあふれています。

あの人は有名大学卒業？　この人は一流商社役員？
学歴、肩書は〝賢さ〟とはなんの関係もありません。

賢(かしこ)くても〝残念な人〟。
❶賢(かしこ)さをアピールする、
❷威張(いば)る、❸人を見下す。
あなたは大丈夫？

世の中には〝賢い人〟がいます。その人が書いた本を読んだり、その人の話を聞いていると、尊敬とともに感動、感激の感情を抱きます。

実際に接していて、〝賢い〟さらに〝面白い〟と感じる人は、話の内容はもちろんですが、それ以上に表情、話術、物腰、雰囲気に魅力があります。

しかし、〝賢い人〟の中には、まれに〝残念な人〟がいます。

なぜか、❶賢さをあまりにもアピールするので鼻につく、❷威張っている、❷まわりの人を見下す――といったタイプの人です。

つまり、賢いけれど、まわりの人とフレンドリーな関係をつくりにくい人です。誰もが「それさえなければねぇ……」と感じてしまうような人です。あなたのまわりに、そんな人はいませんか?

高齢者には、経験で培った賢さが間違いなくあるはずです。若い人にとっても役立つ賢さです。〝残念な人〟にならないために、❶❷❸に気をつけましょう。それを封印すれば、まわりから自然に賛辞がわき起こりますよ。

☑

会社以外の居場所づくりが
喪失感を回避。
定年後は「人との接触」に
時間とお金を使いましょう。

精神医学では「うつ病を患う最大の要因は愛する人を失ったとき」という説があります。つまり「喪失」です。親や配偶者、ペットの死は大きな喪失体験になりますが、喪失は死別のシーンにかぎったことではありません。たとえば、仕事での人間関係しかない人は、定年を契機に大きな喪失感によってダメージを負う場合もあります。

それを回避するためには、定年後こそ「人づき合い」にお金や時間を使うべきです。人との会話による情報の入力と出力は、とりわけ前頭葉を刺激します。他人の話を聞くことで新しい情報を得たり、自分の意見を述べたりと、前頭葉はフル回転します。「人づき合い」への投資は、脳と気持ちの若返りに必須です。

もし定年前なら、いまから職場以外の人間関係をつくることを意識しましょう。趣味のサークルに体験入会したり、カルチャースクールに通ったりするなど、新しい人間関係を準備しておきましょう。会社以外の居場所をつくっておくことで、定年後の喪失感を回避することができるのです。

第4章 ｜ MY FUTURE

これからの「生き方」

行動基準は
「楽しいかどうか」。
高齢になったら
義務感から解放されよう。

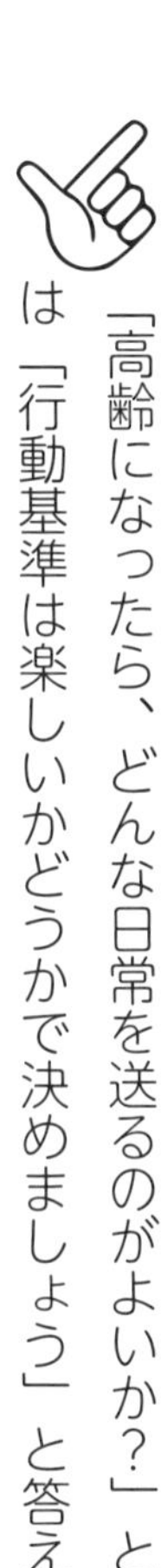

「高齢になったら、どんな日常を送るのがよいか？」と聞かれたら、私は「行動基準は楽しいかどうかで決めましょう」と答えています。

義務感や世間体から、イヤなことをガマンしてがんばる必要はありません。楽しいことだけをしていればいいのです。

とはいえ、これまで仕事への責任感や家族への義務感でがんばってきた人ほど、途方に暮れてしまいます。〝楽しさ最優先〟の経験がないからです。

楽しいことを優先させ、機嫌よく暮らすことができれば、まわりの人にとっても「好ましい人」という評判が生まれます。いつ会っても楽しそうな人を見ると、自分も楽しい気持ちになれるからです。〝幸せの連鎖〟が起こるのです。

自分にとって楽しいことが誰かに喜ばれることも多々あります。料理が楽しいという人であれば、腕をふるうことで人に喜んでもらえます。釣りの成果をお裾分け（すそわ）することなどもそうですね。

自分が楽しんでいれば、意図せずともまわりの人を楽しい気持ちにさせるのです。

行動基準は「楽しいかどうか」。
高齢になったら義務感から解放されよう。

☑

将来に不安を感じ、悩みが深くなったときは、かつての「憧れ（あこが）の人」の生き方を思い出してみる。

子どもに憧れの人物の名前を尋ねると、最近であればメジャーリーグで活躍する大谷翔平選手の名前をあげる子どもが多いかもしれません。歌やダンスも上手なアイドルの名前なども多くあがるのでしょうか。

昨今では、実在の人物ではなく、漫画やアニメの登場人物を〝推す〟ケースもあります。サッカー選手が子どものころに漫画『キャプテン翼』の主人公、大空翼に憧れ、サッカー選手を志したというお話も聞いたことがあります。

世代を問わず、憧れの存在を〝なりたい自分〟としてイメージし、その実現に努力することは、とても素晴らしいことです。

しかし、やがて「憧れ」はだんだん霞んできます。とくに40、50代くらいになると、架空の人物への憧れなど「子どもっぽい」と頭から否定しがちです。しかし、生き方に悩んだり、将来に不安を感じたりしたときは、子ども時代のように「あんな人になりたい」と、その生き方を参考にしてみるのもいいのではないでしょうか。〝お手本〟は、いくつになっても大切です。

将来に不安を感じ、悩みが深くなったときは、かつての「憧れの人」の生き方を思い出してみる。

〃自分のせい〃にしてしまった過去の出来事。自分を責めるのはやめて、自由になりましょう。

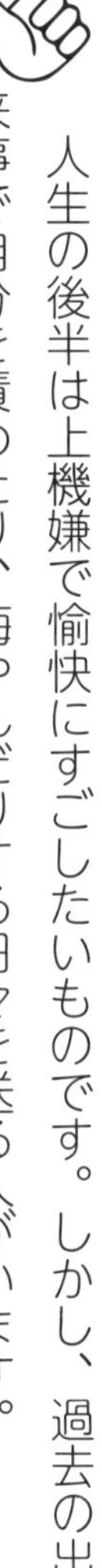

人生の後半は上機嫌で愉快にすごしたいものです。しかし、過去の出来事で自分を責めたり、悔やんだりする日々を送る人がいます。

これは、場合によっては、うつを引き起こす可能性があります。

このように、ひたすら自分を責め続ける傾向を、認知療法の分野では「自己関連付け」と呼びますが、その特徴は〝明確な根拠がないのに自分のせいにする〟ことです。

客観的な判断ができないまま、自分の責任は一部にすぎないにもかかわらず、とりあえず〝自分のせい〟と結論づけてしまうのです。過去に戻ることができるなら、出来事を検証して根拠を突き止めることもできるでしょうが、それは不可能です。簡単なことだとは思いませんが、〝過去の自分を責める〟のはやめようではありませんか。

責めそうになったら、「無実の罪で十分苦しんだから、もう自由になろう」と自分を解放してあげましょう。あなたの未来のキャンバスには、まだまだ余白がありますよ。

〝自分のせい〟にしてしまった過去の出来事。
自分を責めるのはやめて、自由になりましょう。

「人生100年」の
長い道のりを歩むために、
死ぬまで「現役」に
トライしましょう。

企業の定年延長が定着しつつありますが、それでも大半の人は65歳で現役を退くことになります。

ひと昔前はそこから先の時間を「余生」としてすごしていました。ところが、超長寿時代の現代では、この人生の約3分の1に当たる長い期間をどうすごすかによって人生が大きく変わってきます。ただ時間を消費するだけの人生と時間を有意義に使った人生では、その中身が大きく異なるのは当然です。

私が現役を終えた後の生き方を考えるとき、真っ先に思い浮かぶのが江戸時代の偉人、伊能忠敬です。

忠敬は家の事業を発展させ、50歳で隠居します。その後、暦学（天文学）を学びに江戸に出て、測量法などを身につけます。そして17年という時間をかけて、日本全土をくまなく歩きまわりました。

その結果、誕生した『大日本沿海輿地全図』は内外から高い評価を獲得、現役を終えた後の人生が実りある時代になりうることを実証してみせたのです。

☑

人生は実験の連続がいい。
新しいことを試し、
実感することで自分が進化する。

世の中には自分の人生観、価値観を決して崩そうとしない人がいます。一度「白」と決めたことはいつまでも白、「黒」はいつまでも黒で、「グレー」の存在さえ認めません。

しかし、世の中に絶対的な正解などあるでしょうか。新しいことを試せばグレーばかりか、ほかの色の存在にも気づくことになります。実験するたびにこれまで自分が持っていた知識が変化したり、上書きされたりしていき、色彩豊かな厚みのある人生になっていくのです。

たとえば、今日はカレーを食べようと決めたとします。いつもの店は確実に旨い。だけど、その隣にはまだ入ったことのない店がある。知人は美味しいと言っていたけれど、自分の好みかどうかわからない。

こんなときははじめての店に入ることをおすすめします。新たな味に出合え、美味しくなかったとしても経験知は増えます。これも自分自身の進化です。

「私は失敗したことがない。ただ1万通りの〝うまくいかない方法〟を見つけただけだ」――発明家トーマス・エジソンの言葉です。

「これまで通り」は
「これまで以下」になる。
日常生活で「小さな冒険」を
実行してみましょう。

「これから先は大過なくすごしたい」――そう考える高齢者は少なくないでしょう。ことの大小を問わず、〝過ち(あやま)〟を犯したくない気持ちは理解できなくはありません。

しかし、考えてみましょう。日常生活において、「洋服は古いまま」「たまに行くラーメン店は1店」「散歩道は変えない」「茶飲み話の相手はいつも同じ」といったふうに、昨日と今日、先月と今月が同じなら、安心こそ得られるでしょうが、感動は得られるでしょうか。

感動を得るためにはトライが必要です。「食べたことのない外国産の野菜を食べてみよう」「通販で健康器具を買ってみよう」「新しくできたベトナム料理店に行ってみよう」……。いわば〝小さな冒険〟を実行するトライです。きっと感動が得られるはずです。

「これまで通り」は、新鮮な刺激が途絶えることで五感が鈍り、脳の老化も進みがちになります。感動のない「これまで通り」は、「これまで以下」のドアを開くことになるのです。

「これまで通り」は「これまで以下」になる。
日常生活で「小さな冒険」を実行してみましょう。

超長寿時代の「人生登山」は、
富士山ではなく連山。
ひと山越えても
次なるピークを目指すマインドを！

「できるかぎり、人生のピークを先延ばしする」

いまの時代、こうした意識が必要です。65歳で定年を迎えたとしても、さらに20年、30年の時間を生きる可能性はきわめて高いのです。

つまり、定年時に到達した〝高み〟は、決して最高到達点ではありません。超長寿時代の人生を登山にたとえれば、そのルートは富士山のような一つの頂上を目指すものではなく、いくつもの峰（ピーク）からなる連山を踏破する登山ルートといっていいでしょう。それ自体、喜ばしいことではありますが、決して「長いからいい」ということではありません。

その時間の〝量〟ではなく、〝質〟が問題なのです。クオリティ・オブ・ライフ（Quality Of Life）（人生の質）という言葉が、しばしば使われますが、このQOLをさらに高めることこそが、超長寿時代を生きる私たちに求められているのです。

「ひと山越えた。さて、次は……」

死ぬまで〝次なるピークを目指す〟マインドを持とうではありませんか。

超長寿時代の「人生登山」は、富士山ではなく連山。
ひと山越えても次なるピークを目指すマインドを！

自分の死後のことを
空想したら、
いまどうすればいいのか
見えてきます。

私はワイン愛好家で、本が売れるようになってから少しずついいワインを買い求めるようになりました。熟成するタイプのワインは、古くなればなるほど美味しくなるといわれています。

問題は、コレクションしたワインをいつ開けるかです。飲みごろになっているかどうか、開けてみないとわかりません。ヴィンテージワインについては、寝かせておくにしても数十年という単位なので、もはやワインを開けるのが先か、私の寿命が尽きるのが先かという話になってきます。

ワインを開けるタイミングを計りながら、自分の寿命について考えるなんて、若いころは想像もしませんでした。しかし、私の死後のことを空想して、「あんな高いワインを開けるなんて、あの人は気前がよかったね」と誰かの記憶に残るのなら、貴重なワインコレクションが減っても、むしろ喜ばしいことです。

死後を空想することで、生を充実させる――。コレクションを眺めて、ひとり悦に入るよりは、思い切って栓（せん）を抜いて、生きているうちに美味しいワインを仲間と楽しく味わいたいと思います。

いまの日本は福祉が充実しているので、老後の資金を気にする必要はありません。

2019年、金融庁が提出した報告書をきっかけに「老後2000万円問題」が議論を巻き起こしました。こうした中、高齢者は残りの人生を真剣に考えれば考えるほど、健康面、経済面の不安が大きくなっていくことでしょう。「老後の介護費用などを残しておかないと心配だ」という高齢者は少なくありません。

不安や心配は高齢者の健康を損ねてしまいます。不安に押しつぶされる前に、考え方を変えてみましょう。まず、日本の福祉は充実しています。

有料老人ホームに入るにしても、現在は売れる自宅やほどほどの蓄えがあれば入居できる施設も増えてきています。もっといえば、たとえ貯金が尽きたとしても、生活保護を受給して特別養護老人ホームに入居することもできます。これまで払ってきた税金を返してもらうようなものですから、高齢者はもっと堂々と生活保護を受けとってもよいのです。恥じることはなにもありません。

お金のことを心配して気をもむよりも、お金を使って楽しく暮らすほうが健康寿命も延びますよ。

いまの日本は福祉が充実しているので、
老後の資金を気にする必要はありません。

子どもにお金を残そうとすればするほど、子どもが不幸になるかも。

配偶者に死に別れたのち、「再婚したい」と親が言ったとき、子どもたちは親の幸せを喜んでくれるでしょう。ところが、財産があると「金目当てだ」などと言って再婚に反対する子どもたちが出てきます。

実際、財産目当てであったとしても、子どもには法定相続分がしっかり残りますし、もし再婚を断念したとしても、子どもたちが介護を引き受けたりして十分に穴埋めをしてくれるとはかぎりません。

親の財産をめぐってこうしたジレンマが生じることを、私は「お金持ちパラドックス」と呼んでいます。高齢者と接する機会が多い仕事を長年続けてきて、しばしば目にする難解かつ悲しい家族模様です。

私が提案したいのは、「財産を残さない代わりに、子どもを自由にしてあげる」という生き方。遺産が入るころには子どもも60代になっている時代です。お金と引きかえに子どもに介護を任せるのは酷なこと。子どもには子どもの人生があるのです。自分が楽しむためにお金を使い、ますます元気になって要介護の期間を短くする――これが最高の終活ではないでしょうか。

子どもにお金を残そうとすればするほど、
子どもが不幸になるかも。

高齢者になったら、「いまを楽しむ」。お金は生きているうちに生かしましょう。

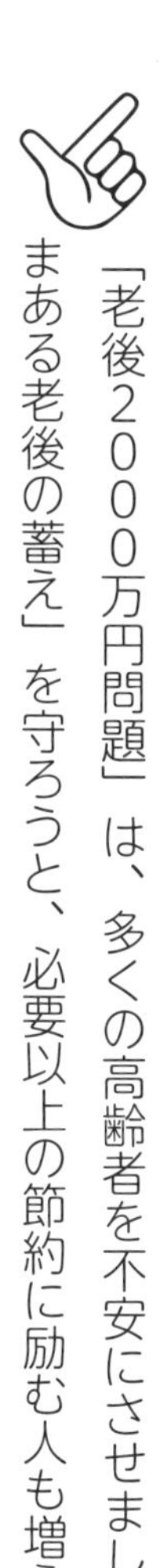

「老後2000万円問題」は、多くの高齢者を不安にさせました。「いまある老後の蓄え」を守ろうと、必要以上の節約に励む人も増えました。

しかし、私はこうした高齢者のガマン、節約にはあまり賛成できません。

「貯金をとり崩すわけにはいかない。あと5年節約して旅行に行こう」

そう思っても5年後、本当にそれは実現できるでしょうか。とくに高齢者は、いまは元気でも、病気になったり、介護が必要になったり、その先は自分にもわかりません。あまり考えたくはないでしょうが、それが現実です。

「いま楽しめることは、いま楽しむ」

高齢者は、これを優先すべきです。

「お金は、どう使いますか？」

テレビ出演などで収入を得た超長寿アイドル「きんさん、ぎんさん」は「老後の蓄え」と答えたそうですが、この回答はご愛敬。

「いまあるお金は生きているうちに生かす」

この生活スタイルでいきましょう。お金は〝死守するもの〟ではありません。

☑

日本の介護サービスは優秀。
周囲の人と相談しながら、
しっかり利用しましょう。

超高齢社会が進む中で、これから老老介護[※1]や認認介護[※2]、そして、介護[※3]難民が増えるとされています。

たしかに介護の現場で問題は少なくありませんが、私の知る限り、日本の介護サービスはかなり整っています。特別養護老人ホームもユニット型の個室化が進んでいますし、地方では空き状況にも比較的余裕があります。

高齢者の皆(みな)さんには、ぜひ元気なうちに、家族や友人、それから自治体の福祉担当の人とたくさんコミュニケーションをとって、自分に合った支援が受けられるように相談してほしいと思います。自分の人生を充実させるためです。

それに、なにより周囲との交流は脳を活性化して、元気にしてくれます。

高齢者が考え方を変えるだけで解決できることもあります。前述の老老介護や認認介護の問題です。誰もが年老いたら、ほかの人の世話にならざるを得なくなります。

そのとき、「私は子どもをあてにしない」という人が増えれば、それだけ老老介護も減るでしょう。

※1・老老介護……高齢者が高齢者の介護をすること。
※2・認認介護……介護する人も介護される人も、ともに認知症を発症している状況。
※3・介護難民……介護を必要とするが、必要な介護を受けられない状況にある高齢者や障がい者。

〝生きにくさ〟は人間関係に縛られることで生まれます。定年後は〝自分本位〟で生きてみましょう。

人間には多かれ少なかれ「好かれたい」「認められたい」という欲求があります。「承認欲求」です。

現役時代は、会社内、あるいは取引先との人間関係を良好に保つことで、ある程度の承認欲求を満たせていたでしょう。しかし、定年退職と同時に人間関係を一気に失って、途方に暮れる人は少なくありません。けれども、定年退職によって簡単に疎遠になるような人間関係なら、「定年を機にリセットできてよかった」と、むしろ喜ぶべきです。それだけ上っ面の関係だったのですから。

思えば、会社での人間関係は、しがらみだらけではありませんでしたか。上司の理不尽な主張でも忖度しながら、上司や部下からの評価だけを気にしてきたのではありませんか。

「まわりの顔色をうかがってばかりいると奴隷になってしまう」古代ギリシャの哲学者が、そんな言葉を残していたと記憶しています。

定年後は〝自分本位〟の基準で人間関係をつくりましょう。

「孤独が怖い」
というのは思い込み。
老後はひとり暮らしが
いちばんです。

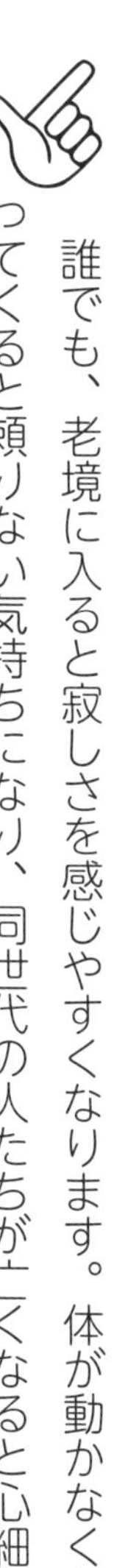

誰でも、老境に入ると寂しさを感じやすくなります。体が動かなくなってくると頼りない気持ちになり、同世代の人たちが亡くなると心細いものです。そのため、高齢者には孤独を怖がる人が少なくありません。

孤独への不安から、子どもや親戚にとりすがって無理をしていると、ストレスがたまって心身の健康を損ね、心情的にも幸せになれません。

それよりも、気軽に会話の相手をしてくれる人を探すほうが、ずっと楽しくすごせるはずです。近所の喫茶店のマスターでも、飲み屋のママでもかまいません。趣味の合う仲間がいたら、会いたいときに会いに行きましょう。

寂しさを紛らわすための人間関係ではなく、楽しくすごすための人間関係をつくるべきです。老後の幸せは、そんな人間関係から生まれるものだからです。また、〝孤独〟と〝孤立〟は違います。社会的に孤立すると生活が立ちゆかなくなります。たとえば家事代行や食事の宅配サービスなどを利用して、そこで挨拶を交わしたりするのも、社会との立派な接点になります。

夫の定年後、
体調不良になる妻たち。
この先の長い人生のために、
夫婦関係の見直しを。

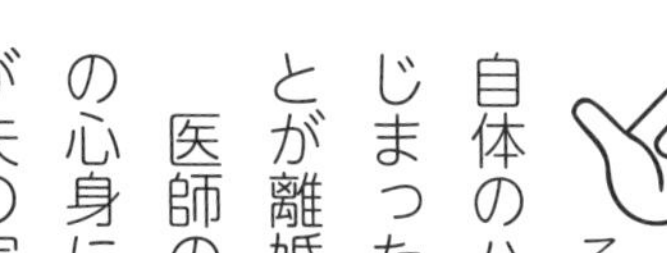

2020年、熟年離婚の割合は全体の21・5%[※1]に上りました。離婚する夫婦の5組に1組が熟年離婚ということになります。背景には、離婚自体のハードルが下がり、平均寿命が延びたことに加えて、2007年からはじまった年金分割制度で、離婚後に夫の年金を一部分割できるようになったことが離婚を望む妻たちの背中を押すことになったとみられています。

医師の石蔵文信氏が命名した「夫源病」[※2]は、夫の言動によるストレスで、妻の心身にさまざまな不調が生じることを指しますが、夫源病のきっかけの多くが夫の定年退職だといいます。

老後の日々は心細いものです。病気や介護といった局面で、安心して頼れるのが配偶者の存在です。夫または妻に不満があるのに離婚を選択しない大きな理由は、このあたりにありそうです。

しかし、ガマンしながら一緒にいると、ストレスは増える一方です。ストレスで健康を損ね、体を壊すくらいなら、この際、夫婦関係を見直すことも考えてみてください。

※1・「令和4年度 離婚に関する統計の概況」(厚生労働省)
※2・『妻の病気の9割は夫がつくる—医師が教える「夫源病」の治し方』著・石蔵文信/マキノ出版

熟年離婚は、
お互いの幸せのための選択。
ひとまず「別居」してみる
という手も。

高齢者になって夫婦ふたりきりの生活になってからの夫婦関係は、大きく3つに分けられます。

❶夫婦仲がよい。ふたりで、ますます幸せである。

❷仲がいいとはいえないが、一緒にいてストレスを感じるわけではない。今後のことを考えると、ひとりでいるよりはマシだ。

❸もともと仲がよくない。定年退職や子離れをきっかけに、相性の悪さが一気に表面化し、不快感やストレスが強くなった。

❸の場合なら、これから何十年も一緒にいるストレスに耐えられるかどうか、真剣に考えたほうがいいでしょう。離婚よりもまずは「別居」という手段もあります。一緒にいる時間が苦痛ならば、その時間を減らせばよいのです。

四六時中顔を合わせずにすめば、かなりストレスが軽減されるはずです。離婚と違ってややこしい手続きもいりませんし、会おうと思えばいつでも会えます。ただ、二世帯分の住居費と生活費がかかる点がネックです。それなりの経済力があれば、別居は十分に賢明な選択肢だといえるでしょう。

☑

一緒にいるのがストレスになるなら、「パートナーを代える」という選択肢もある。

老後、残りの長い人生を考えるとき、夫婦が一緒にいることでお互いにストレスを感じているのなら、〝パートナーを代える〟という選択肢は十分にあっていいと私は思います。

若いころの決断は間違いだったということは誰にもあるでしょう。もしそれが結婚相手の選択だったとしても、もうそれは仕方のないことです。「容姿や学歴、経済状態などで選んだけれど、一緒に暮らしてみたら性格が合わなかった」ということは、よくあります。

大切なのは、「これから残りの人生をふたりでどう豊かにしていくか」です。

現在のパートナーは、食事や旅行、映画などに行ったときに心から楽しめる相手でしょうか？　もしそうでなければ、残りの人生はかなり味気ないものになってしまう可能性が高いと思います。

気の合う人と一緒に残りの人生を楽しくすごせるなら、思い切ってパートナーを代えるのもよい選択です。現在の結婚生活でうまくいかなかったことを反省して、いろいろな心配りもできるようになっているはずです。

シニア向けのマッチングアプリや結婚相談所を活用して、新たな出会いを探してみる。

いまの60代、70代は若く、マッチングアプリなどを活用することで出会いのチャンスは増えています。実際、多くの高齢者がマッチングアプリや結婚相談所に登録して、婚活パーティーに参加しているそうです。

若い世代と違い、シニア世代はかならずしも結婚相手を探す人ばかりではありません。「お友だちがほしい」「週に何度かデートできればいい」。いろいろな目的の人が来ていますから、ちょっとした遊び心で婚活パーティーに参加してみるのもいいのではないでしょうか。

残された人生をともにすごすパートナーを選ぶとき、いちばん重要なのは、「本当に気が合うか」だと思います。一緒に食事をして楽しいか、旅行に行って楽しいかを基準に波長の合う相手を見つけることができれば、老後の生活の充実度は違ってくるでしょう。

マッチングアプリは安価で気軽に登録できますが、相手の身元確認ができません。その点、結婚相談所はもちろん料金はかかりますが、比較的安心で手厚くサポートしてくれます。

自分を生かす
対人関係の構築が、
理想の「新現役時代」を
実現させる。

50歳をすぎてなお生きる目標を見失わず、その実現に向けて生涯を捧げた伊能忠敬※の人生は、まさにお見事！　私たちも忠敬のように「新現役」を常に実感できる生き方をしたいものです。そのためには、身近で目標となる人の生き方を参考にする、という方法もあります。たとえば「ボランティアに参加しているAさん」を目標にして、Aさんの組織に参加するのです。

人との交流によって得られる刺激によって、脳は若さを保つことができます。そのためにも積極的に新たな組織に参加することが肝要なのですが、高齢になると、この「一歩」を踏み出すことが難しい。伊能忠敬が江戸で暦学を学んだとき、師事したのは暦学の第一人者、高橋至時でした。

このとき、至時の年齢は31歳。忠敬よりも19歳も年下でしたが、忠敬は年少者の教えにも素直に耳を傾け、研鑽したと伝えられています。

新しい扉を開けるとき、自分のプライドに固執して「一歩」を躊躇してしまう人にとって、忠敬の勇気は大きな指針になるはずです。

※・伊能忠敬……江戸時代の天文・地理学者、測量家。152ページ「WORD 65」参照。

2024年3月26日　第1刷発行

老いを楽しむ人生の言葉

著……………………………和田 秀樹
絵……………………………にゃんとまた旅
（ねこまき）
編集協力……………………石原 英一朗
撮　影………………………近藤 陽介
装丁・本文デザイン…中田 薫（有限会社EXIT）
校　正………………………合同会社こはん商会、フライス・バーン

発行人………………………土屋 徹
編集人………………………滝口 勝弘
企画編集……………………石尾 圭一郎
発行所………………………株式会社Gakken
〒141-8416　東京都品川区西五反田2-11-8
印刷所………………………中央精版印刷株式会社
DTP…………………………株式会社アド・クレール

〈この本に関する各種お問い合わせ先〉
・本の内容については、下記サイトのお問い合わせフォームよりお願いします。
https://www.corp-gakken.co.jp/contact/
・在庫については　Tel 03-6431-1201（販売部）
・不良品（落丁、乱丁）については　Tel 0570-000577
学研業務センター　〒354-0045 埼玉県入間郡三芳町上富279-1
・上記以外のお問い合わせは　Tel 0570-056-710（学研グループ総合案内）